Preescolar 3

Libro de actividades

LAROUSSE

Dirección editorial: Tomás García Cerezo
Coordinación de contenidos: Yanitza Pérez y Pérez
Contenido: Yanitza Pérez y Pérez
Diseño y formación: Rocío Caso Bulnes
Coordinación gráfica: Rocío Caso Bulnes
Ilustración: María Fernanda Ramírez Padilla
Diseño de portada: Ediciones Larousse S.A. de C.V.,
                      con la colaboración de Raúl Cruz Figueroa
Revisión técnica y preprensa: Federico Medina Ordóñez

© 2018 Ediciones Larousse, S.A. de C.V.
       Renacimiento 180, Col. San Juan Tlihuaca,
       Azcapotzalco, C.P. 02400, Ciudad de México

ISBN: 978-607-21-1046-5

Primera edición, abril 2015
Edición revisada, febrero 2019

Este libro se terminó de imprimir y encuadernar
en el mes de marzo de 2019, en los talleres de
Litografía Magno Graf, S.A. de C.V., con domicilio en
Calle E No. 6, Parque Industrial Puebla 2000,
C.P. 72225, Puebla, Pue.

Impreso en México – *Printed in Mexico*

Presentación

Esta serie está diseñada para acompañar a los niños en la etapa preescolar tomando en cuenta los tres **Campos de formación académica** señalados en el Programa de Educación Preescolar: *Lenguaje y comunicación, Pensamiento matemático* y *Exploración y comprensión del mundo natural y social*; así como también las tres **Áreas de desarrollo personal y social:** *Artes y expresión artística, Educación socioemocional* y *Educación física.* También se incluyeron algunos ejercicios para ejercitar el idioma inglés como lengua extranjera.

Al final del libro se agregó una sección llamada "ejercita tu mente" con el propósito de que el niño cuente con ejercicios que le ayuden a desarrollar algunas habilidades del pensamiento como son el razonamiento, la atención y la memoria, entre otros. Se realizó con el propósito de apoyar y facilitar la labor docente y educativa tanto de los educadores como de los padres de familia.

En cada página se ponen los indicadores de logro esperados para el área de educación socioemocional y los aprendizajes esperados para las demás áreas y los campos de formación académica.

El contenido de cada ejercicio fue realizado con base en los intereses de los niños de esta edad así como en sus capacidades. Los ejercicios contienen temas atractivos para el niño con instrucciones sencillas y claras para que el adulto que lo acompaña le explique cómo realizarlo. Se alternan diferentes tipos de ejercicios que evitan la monotonía y crea una expectativa sobre el ejercicio que sigue. El tamaño y el diseño de las ilustraciones son acordes a las diferentes edades de los niños y favorecen la ejecución de las actividades que se proponen.

Al trabajar los ejercicios, el niño podrá desarrollar además habilidades preceptuales, visomotoras, de lenguaje, de lógica matemática y de ampliación del vocabulario.

Sugerencias para trabajarlo:

- Busque un lugar con suficiente luz y ventilado. Si no cuenta con luz natural se recomienda poner una lámpara del lado contrario al que escribe el niño.

- Trabaje en una mesa despejada para favorecer una buena postura en el niño y lograr una mejor ejecución del ejercicio.

- Evite trabajar el libro si el niño está cansado.

- Anime al niño en sus esfuerzos y felicítelo de manera objetiva por el trabajo realizado.

- Lea al niño la instrucción y pregúntele qué tiene que hacer y dele tiempo para reflexionar y lograr por sí mismo el objetivo. Si el niño ya inicia la lectura promueva que él lea y sólo aclare sus dudas.

- Verifique que el niño tome el lápiz de manera adecuada.

- Cuide que la dirección de los trazos se realice correctamente (izquierda a derecha y de arriba abajo).

- Proporcione al niño el material necesario, en buen estado y ya dispuesto en el lugar de trabajo antes de empezar para evitar distracciones.

Obsérvate en un espejo y haz tu retrato. Dibuja el tamaño y color de tu pelo, de tus ojos, la forma de tu nariz y de tus orejas.

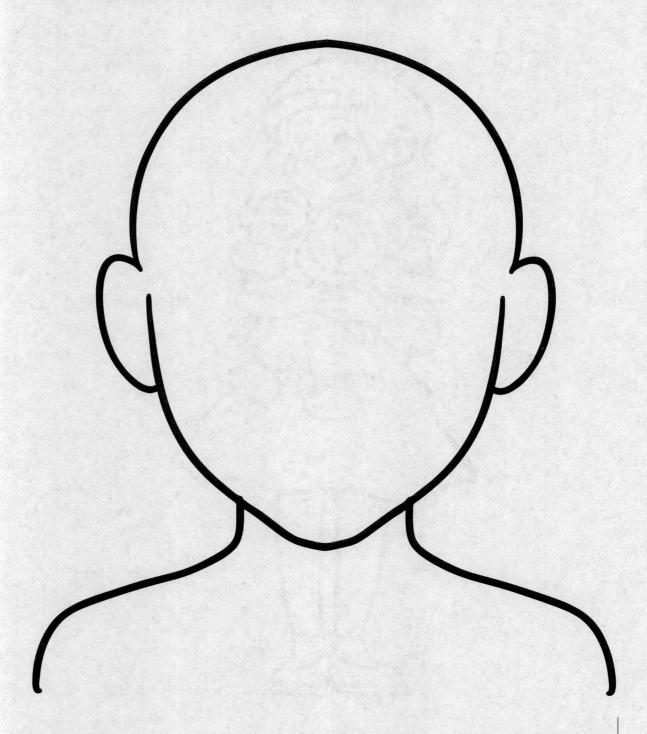

Indicadores de logro: Reconoce y expresa características personales.

Paola está jugando con su muñeca favorita. ¿Cómo crees que se siente? ¿Cuál es tu juguete preferido? Colorea el dibujo.

Indicadores de logro: Reconoce y nombra situaciones que le generan alegría.

Sara olvidó su lunch en su casa, sus amigos le ofrecieron compartir de lo que ellos trajeron. Colorea los alimentos que crees que eligió. ¿Alguna vez te ha pasado algo así?

Indicadores de logro: Reconoce cuando alguien necesita ayuda y la proporciona.

7

En esta cocina hay 6 cosas que pueden ser peligrosas, observa y colorea de rojo las que te pueden quemar y de azul las que te pueden cortar.

Indicadores de logro: Reconoce y nombra situaciones que le generan seguridad.

9

Estos niños están jugando futbol. Uno no sigue las reglas, identifícalo y explica qué hizo mal. ¿Sabes cuál es la consecuencia? Remarca la portería por la línea punteada.

Indicadores de logro: Habla de sus conductas y de las de otros, y explica las consecuencias de algunas de ellas para relacionarse con otros.

10

Carlos no encuentra su tarea. ¿Cómo crees que se siente? ¿Te ha pasado algo así? ¿Cómo te sentiste? Colorea el dibujo.

Indicadores de logro: Reconoce y nombra situaciones que le generan tristeza, miedo o enojo, y expresa lo que siente.

Juanito no cuida sus pertenencias. ¿Qué tiene que hacer para que todo esté en orden? Une cada dibujo con la solución. Después comenta en cada caso qué puede pasar si no lo hace.

Pedro y su familia se van a vivir a otra ciudad. ¿Cómo crees que se siente? ¿Cómo te sentirías tú? Dibújale la cara al niño mostrando cómo te sentirías y después coloréalo.

Indicadores de logro: Reconoce y nombra situaciones que le generan alegría, seguridad, tristeza, miedo o enojo, y expresa lo que siente.

Mariana no encuentra a su gatita. Colorea las mejores opciones para encontrarla. Explica tus respuestas.

Indicadores de logro: Dialoga para solucionar conflictos.

Educación socioemocional

Al llegar de la escuela, Toño encontró a su perrito Golfo mordiendo sus zapatos favoritos. ¿Cómo crees que se sintió? ¿Qué pudo haber hecho para que eso no pasara? Colorea el dibujo.

Indicadores de logro: Reconoce y nombra situaciones que le generan enojo y expresa lo que siente.

Colorea los dibujos de las cosas que puedes hacer a tu edad.

Indicadores de logro: Reconoce lo que puede hacer con ayuda y sin ayuda.

17

Observa las siguientes caras. Colorea de rojo la gorra del niño o niña que creas que está enojado, de azul del que está contento, de amarillo del que está asustado y de verde del que está triste. Comenta qué situaciones te hacen sentir así.

Indicadores de logro: Reconoce y nombra situaciones que le generan alegría, seguridad, tristeza, miedo o enojo, y expresa lo que siente.

Las personas tenemos diferentes gustos. Elige uno de estos diseños para adornar la bufanda, después coloréala de tu color favorito.

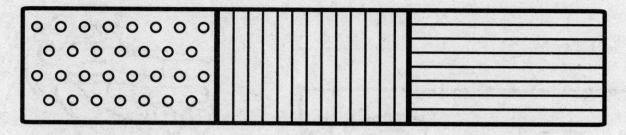

Educación socioemocional

Esta niña está en problemas. Colorea el dibujo donde veas algo que podrías hacer para ayudarla.

Indicadores de logro: Reconoce cuando alguien necesita ayuda y la proporciona.

Julia está planeando su fiesta de cumpleaños. ¿Cuál de las siguientes opciones crees que va a elegir? ¿Cuál elegirías tú? Enciérrala en un círculo. Después colorea todos los dibujos.

Completa cada una de las caras poniendo el estado de ánimo que se te indique. Después comenta a ti qué te pone así.

Feliz

Triste

Asustado

Enojado

Indicadores de logro: Reconoce y nombra situaciones que le generan alegría, tristeza, miedo o enojo.

¡Haz crecido mucho! Colorea los dibujos de las cosas que tú puedes hacer.

Indicadores de logro: Reconoce lo que puede hacer con ayuda y sin ayuda.

Todos somos buenos para algo. ¿Tú qué haces muy bien? Dibújate haciéndolo.

Observa a estos niños jugando en el parque. Si te fijas bien hay un niño que no juega, localízalo y coloréalo. ¿Cómo crees que se siente? ¿Qué harías tú si estuvieras ahí para que se sintiera mejor?

Indicadores de logro: Reconoce cuando alguien necesita ayuda y la proporciona.

Estos niños quieren el mismo juguete. ¿Qué crees que pueden hacer para solucionar el problema? Colorea los dibujos.

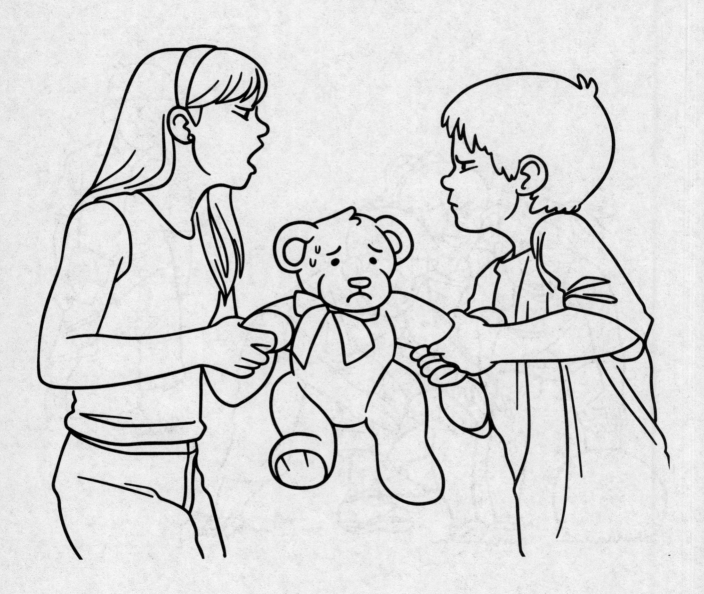

Indicadores de logro: Propone acuerdos para la convivencia.

De las siguientes palabras, elige una y escríbela arriba de cada persona según corresponda. Explica por qué debemos decir estas palabras.

Buenos días	Gracias	Con permiso

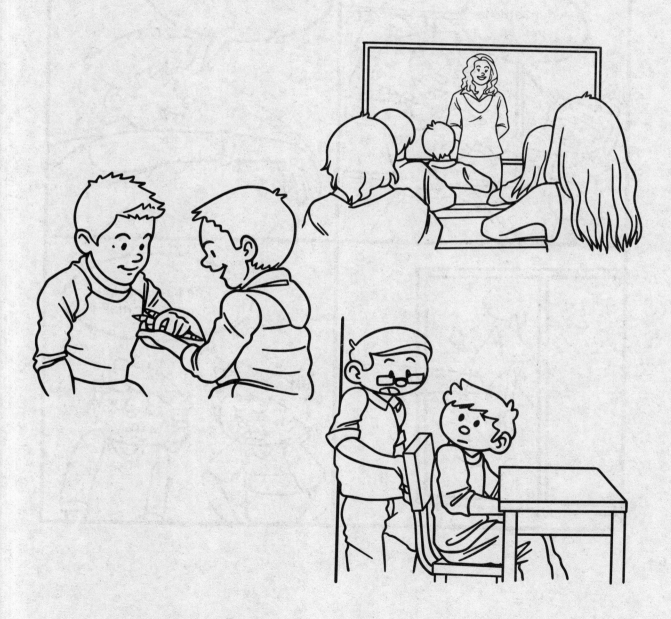

Indicadores de logro: Habla de sus conductas y de las de otros.

27

Lee o pide que te lean la siguiente historieta y explica o escribe lo que crees que pasó al final.

Indicadores de logro: Habla de sus conductas y de las de otros, y explica las consecuencias de algunas de ellas para relacionarse con otros.

28

Indicadores de logro: Habla de sus conductas y de las de otros y explica las consecuencias de algunas de ellas para relacionarse con otros.

Hernán y Paty van a ayudar a su mamá a poner la mesa. Colorea los dibujos de lo que van a necesitar. ¿Tú ayudas en tu casa? ¿En qué?

Indicadores de logro: Reconoce cuando alguien necesita ayuda y la proporciona.

¿Sabes a qué están jugando estos niños? ¿Lo has jugado? Explica las reglas y colorea al niño o a la niña que ganó.

Indicadores de logro: Juega y trabaja con distintos compañeros.

Estos niños están jugando. ¿Cómo crees que la están pasando? ¿Te gusta jugar con tus amigos? ¿A qué? Une a cada niño con su silueta y después coloréalos de la misma forma.

Indicadores de logro: Reconoce y nombra situaciones que le generan alegría.

32

Dibuja lo que más te gusta de la escuela.

Indicadores de logro: Reconoce qué le gusta.

Luciana está enferma, sus amigos la van a ir a visitar. ¿Tú qué le llevarías? Colorea la opción que más te guste.

Indicadores de logro: Reconoce cuando alguien necesita ayuda y la proporciona.

34

Une los dibujos que riman y después coloréalos.

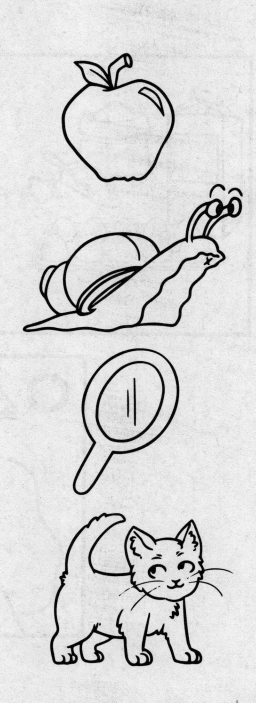

Para preparar unas galletas necesitas seguir estos pasos. Explica lo que pasa y después colorea las galletas.

Aprendizaje esperado: Explica cómo ocurrió algo, ordenando las ideas para que los demás comprendan.

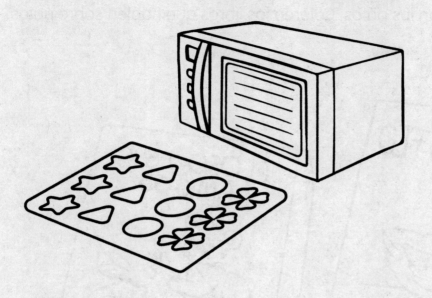

Aprendizaje esperado: Explica cómo ocurrió algo, ordenando las ideas para que los demás comprendan.

37

A Daniela le encantan los patos. Colorea los libros que hablen sobre patos.

Resuelve esta adivinanza: Es un animal que vive en el mar y tiene ocho tentáculos o patas. ¿Cuál es?
Si unes los puntos siguiendo el orden de las letras de la **a** a la **z** sabrás si contestaste correctamente.

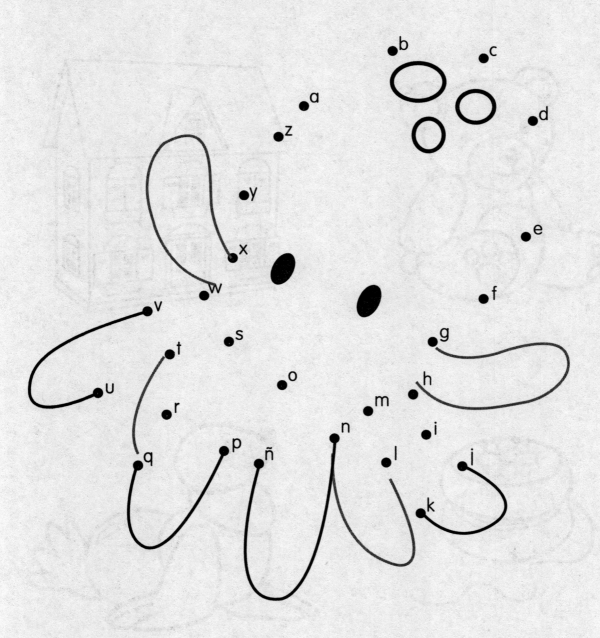

Estos son los juguetes de Susana. Su favorito es uno que tiene muchas ventanas, una puerta y sirve para jugar con sus muñecas, coloréalo. Ahora tú describe otro juguete.

Aprendizaje esperado: Menciona características de objetos observa.

Es domingo y Pedro va a hacer varias cosas. Lee o pide que te lean cada frase y únela con el dibujo que corresponda.

Saber qué hay de comer en un restaurante.

Leer su cuento favorito.

Saber qué equipo ganó.

Aprendizaje esperado: Comenta e identifica algunas características de textos informativos.

41

Todo lo que ves aquí lo usa un bombero. Pon las vocales que faltan para completar las palabras, guíate por los dibujos. Después explica para qué le sirven cada uno.

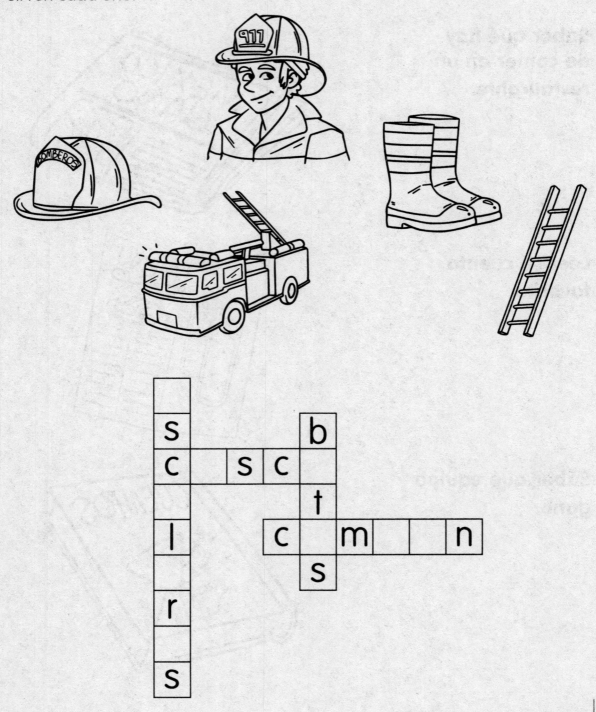

Aprendizaje esperado: Menciona características de objetos que conoce y observa.

42

Todas estas cosas las utiliza un jardinero para sembrar un árbol y flores. Explica para qué utiliza cada uno y después colorea los dibujos.

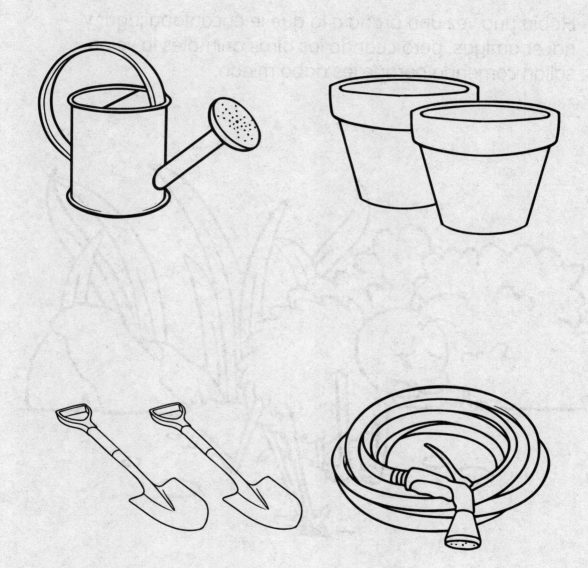

Aprendizaje esperado: Menciona características de objetos que conoce y observa.

Lee o pide que te lean el siguiente cuento y después contesta.

La araña que no tenía amigos

Había una vez una araña a la que le encantaba jugar y hacer amigos, pero cuando los otros animales la veían salían corriendo porque les daba miedo.

Aprendizaje esperado: Comenta a partir de la lectura que escucha de textos literarios.

44

Un día vio que la catarina y la oruga jugaban a esconderse, ella tenía muchas ganas de jugar pero estaba tan acostumbrada a que le dijeran que no que prefirió no preguntarles si podía hacerlo con ellas.

Aprendizaje esperado: Comenta a partir de la lectura que escucha de textos literarios.

Cuando ellas la vieron sola, la invitaron a jugar. La araña aceptó feliz y se hicieron muy amigas. Ella aprendió que siempre hay alguien que quiera ser tu amigo.

Aprendizaje esperado: Comenta a partir de la lectura que escucha de textos literarios.

46

Explica con tus palabras el cuento. ¿Te ha pasado algo similar?
Encierra en un círculo la respuesta correcta.

1. El animal que creía que nadie quería jugar con ella era:

2. ¿Cómo se sentía la araña por no tener con quien jugar?

3. ¿Elige cuál de estos juegos te gustaría jugar con tus amigos?

Aprendizaje esperado: Comenta a partir de la lectura que escucha de textos literarios.

Resuelve esta adivinanza: Es un transporte que va por el aire y puede llevar a muchos pasajeros a lugares lejanos ¿Qué es?

Si unes los puntos siguiendo el orden de las letras de la **A** a la **Z** sabrás si contestaste correctamente.

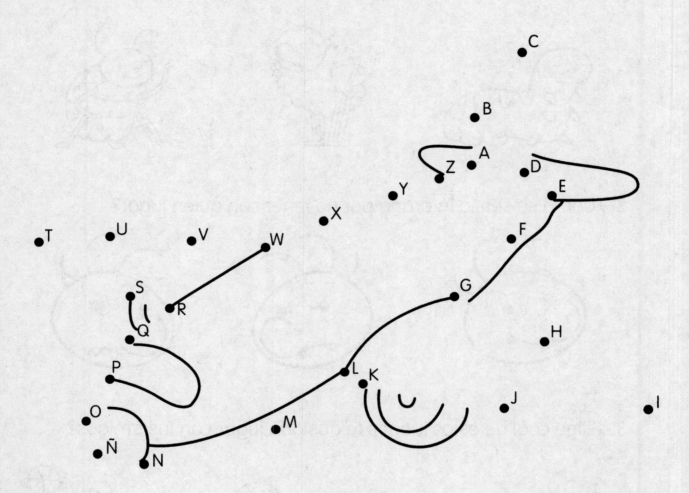

Aprendizaje esperado: Dice adivinanzas.

¿Te gusta cocinar? Aquí está la receta de un dulce fácil de preparar con la ayuda de un adulto. Mientras están listas puedes colorear el dibujo.

Bolitas de **nueces**

Ingredientes

¾ de taza de margarina.
2 cucharas soperas de azúcar blanca.
1 taza de harina de trigo.
1 taza de nuez picada.
½ taza de azúcar glass.

Forma de preparar

1. Unir la margarina con el azúcar blanca, hasta que se forme una pasta, después se le agrega la harina poco a poco y por último las nueces.
2. Hacer bolitas y colocarlas en una bandeja de hacer galletas.
3. Meterlas al horno a 300° y dejar hasta que estén doradas (de 8 a 12 min.)
4. Revolcarlas inmediatamente en azúcar glass.
5. Se pueden guardar en bolsas de plástico para que se conserven varios días.

Aprendizaje esperado: Comenta e identifica algunas características de textos informativos.

Aquí hay una lista con las frutas que debemos comprar, pon atención y une cada palabra con la que le corresponde.

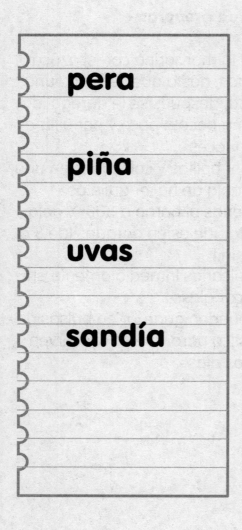

pera

piña

uvas

sandía

Aprendizaje esperado: Comenta e identifica algunas características de textos informativos.

50

Manolo fue de vacaciones a acampar a un bosque. ¿Tú qué hiciste? Dibújalo en este marco.

Mis vacaciones

Aprendizaje esperado: Expresa gráficamente narraciones con recursos personales.

Lenguaje y comunicación

Lee o pide que te lean esta información sobre las ballenas. Explícalo con tus palabras y ponle un título.
Después colorea los dibujos.

Título: _____

Estos animales viven en el mar.

Comen peces y pequeños organismos que viven en el mar llamados plancton.

Aprendizaje esperado: Explica ideas propias sobre algún tema.

La ballena azul es el animal más grande sobre la Tierra, mide el largo de cuatro autobuses juntos, como los que se usan para llevar a los niños a la escuela.

También es el animal más pesado que existe, pesa lo mismo que 20 elefantes juntos.

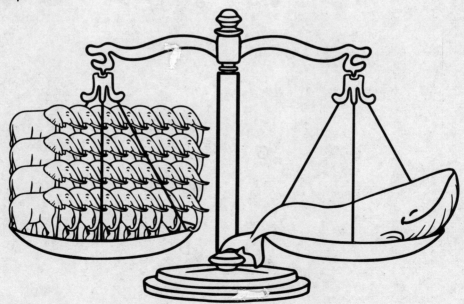

Aprendizaje esperado: Explica ideas propias sobre algún tema.

Resuelve esta adivinanza: Es una herramienta que sirve para golpear y tiene un mango de madera. ¿Qué es?

Si unes los puntos siguiendo el orden de las letras de la **A** a la **Z** sabrás si contestaste correctamente.

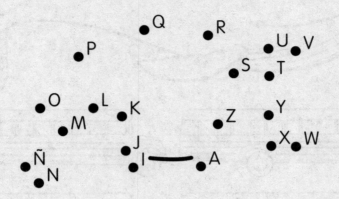

Explica lo que ocurre en cada imagen, comenta en qué momento del día las puedes realizar, después coloréalas.

Une los puntos siguiendo el orden de las letras de la **A** a la **Z** y encontrarás una persona. Después di a qué crees que se dedica y cuenta cuándo has ido a visitarlo.

Une las dos columnas para contestar los chistes. Después apréndelos para que puedas hacer reír a tus amigos.

¿Cuál es el colmo de un?   Pescar un resfriado.

¿Cuál es el colmo de un?   No decir ni pío.

¿Cuál es el colmo de un?   Que su esposa se llame Dolores.

Aprendizaje esperado: Dice juegos del lenguaje.

Rafa y su familia fueron al teatro. Observa con atención y comenta. ¿De qué crees que trató la obra? Después encuentra las 5 diferencias entre las dos escenas.

Aprendizaje esperado: Narra historias que le son familiares, habla acerca de los personajes y sus características, de las acciones y los lugares donde se desarrollan.

Éste es un cuento que trata de una bruja. Completa cada frase con la palabra que creas que le corresponda.

Había una vez una   que era _____

buena   **mala**   **amable**

Que vivía en una   muy _____

bonita   **nueva**   **fea**

y su   era _____

veloz   **alegre**   **enojana**

Aprendizaje esperado: Describe personajes y lugares que imagina al escuchar cuentos.

Estas familias van a hacer diferentes cosas el sábado. Une con diferentes colores los dibujos de arriba con los de debajo de acuerdo al texto que corresponda.

Aprendizaje esperado: Comenta e identifica algunas características de textos informativos.

60

Si unes los puntos siguiendo el orden de las letras de la **a** a la **z** encontrarás un postre. Di sus características como: sabe rico o feo, cuándo lo comemos, etcétera.

Aprendizaje esperado: Menciona características de objetos que conoce y observa.

61

Lenguaje y comunicación

A cada una de las siguientes frases le falta la última palabra. Elige entre las que están abajo para conseguir que rimen. Después cópiala en el espacio en blanco.

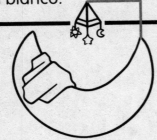

Esa cuna parece una _____ _____ _____ _____

bota   Luna   sandía

En la ventana hay una _____ _____ _____ _____

rata   sapo   rana

Lola juega con su _____ _____ _____ _____

muñeca   bola   bota

Aprendizaje esperado: Identifica la rima.

Nombra los objetos que están aquí: ¿dónde los vemos?, ¿para qué se usan? Daniela quiere escribir sus nombres, pero las letras se movieron. Ordénalas para formar las palabras y después únelas con el dibujo que le corresponda.

m a s e   **c a a m**   **s a l l i**   **s l a a**

_____   _____   _____   _____

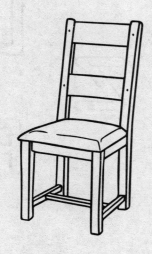

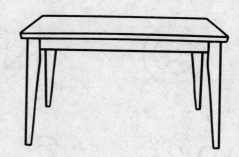

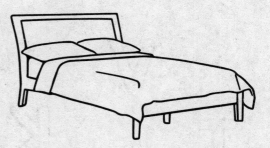

Aprendizaje esperado: Menciona características de objetos que conoce y observa.

63

Lenguaje y comunicación

Encuentra las letras que forman tu nombre completo y coloréalas, después escríbelo en el cuadro que está al fondo.

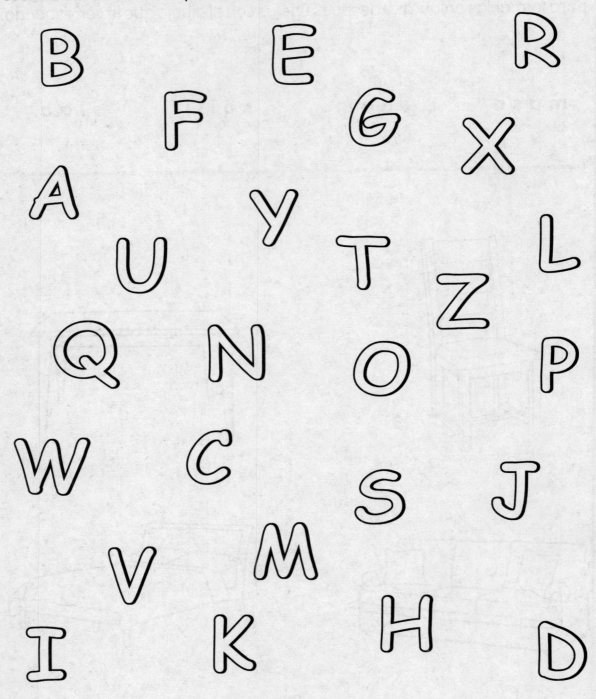

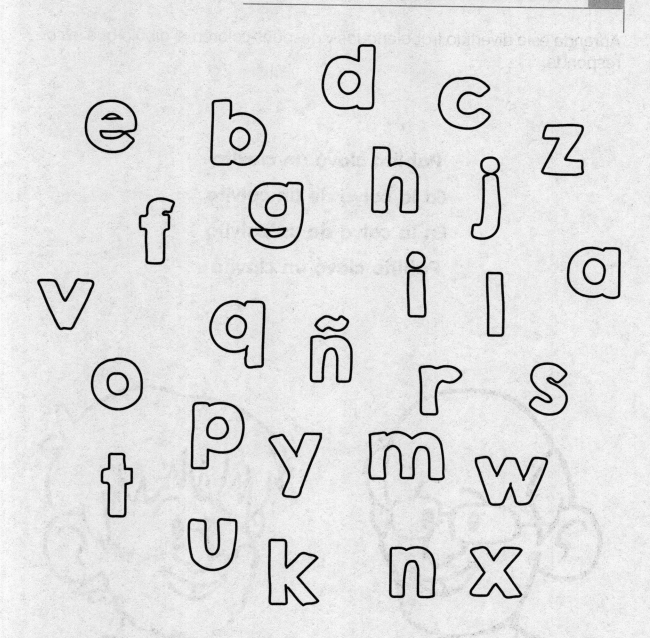

Mi nombre es:

Aprendizaje esperado: Escribe su nombre.

Aprende este divertido trabalenguas y después colorea el dibujo que le corresponde.

Pablito clavó un clavito

En la calva de un calvito

En la calva de un calvito

Pablito clavó un clavito

Aprendizaje esperado: Dice trabalenguas.

Di el nombre de los números que están en el cuadro, después colorea los espacios como se indica y encontrarás un postre ¡muy frío!

1 café   2 rosa   3 rojo   4 amarillo   5 verde

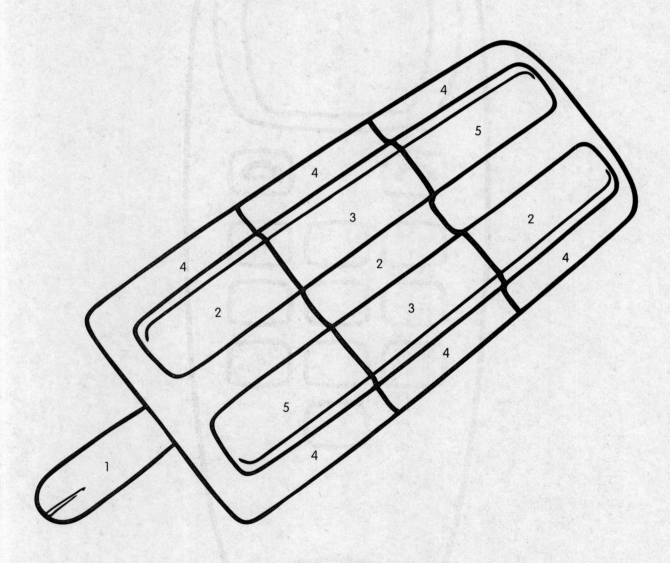

Aprendizaje esperado: Comunica de manera oral los números.

67

Ponle los números a este teléfono para que Paco pueda llamar a sus amigos.

Aprendizaje esperado: Comunica de manera escrita los números.

Nombra los números que aparecen aquí. Si unes los puntos siguiendo el orden del **0** al **10** encontrarás un transporte que va por abajo del mar. ¿Cuál crees que sea?

Aprendizaje esperado: Comunica de manera oral los números.

Adriana se dio cuenta de que en la cocina había muchas cosas que tenían forma de círculo. Sigue los puntos para trazar el círculo y después ayúdale a encontrar los círculos delineándolos. Anota al final de la hoja cuántos encontraste.

Encontré:

_____ ◯

Aprendizaje esperado: Resuelve problemas a través del conteo y reproduce figuras geométricas.

70

Hoy Pablo va a preparar un rico sándwich. Pon el número 1 a lo que tiene que hacer primero, un 2 a lo que debe hacer después y así continúa hasta que ya esté preparado. Explica lo que hace en cada imagen.

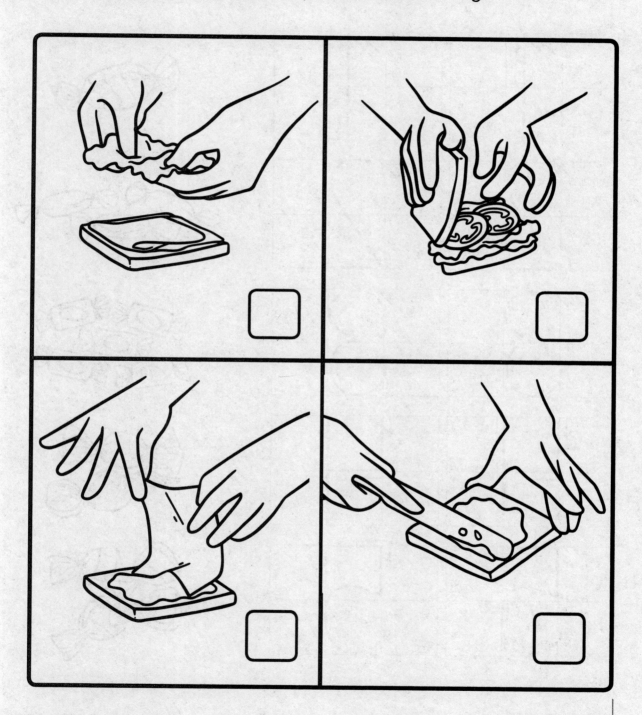

Aprendizaje esperado: Identifica varios eventos de su vida cotidiana y dice el orden en que ocurren.

71

Cayeron muchos dulces de una piñata, remarca cada número siguiendo las flechas y después únelo con el dibujo que lo representa.

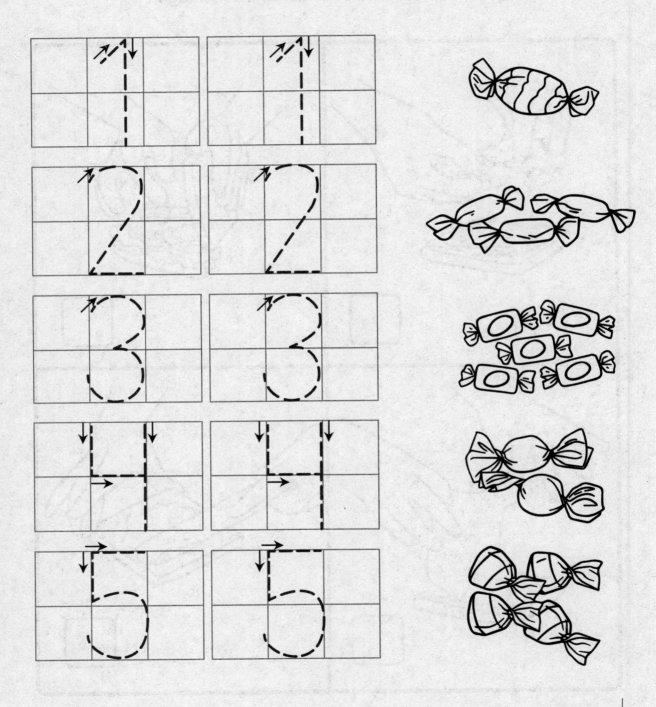

Aprendizaje esperado: Comunica de manera escrita los números del 1 al 10. Compara e iguala colecciones con base en la cantidad de elementos.

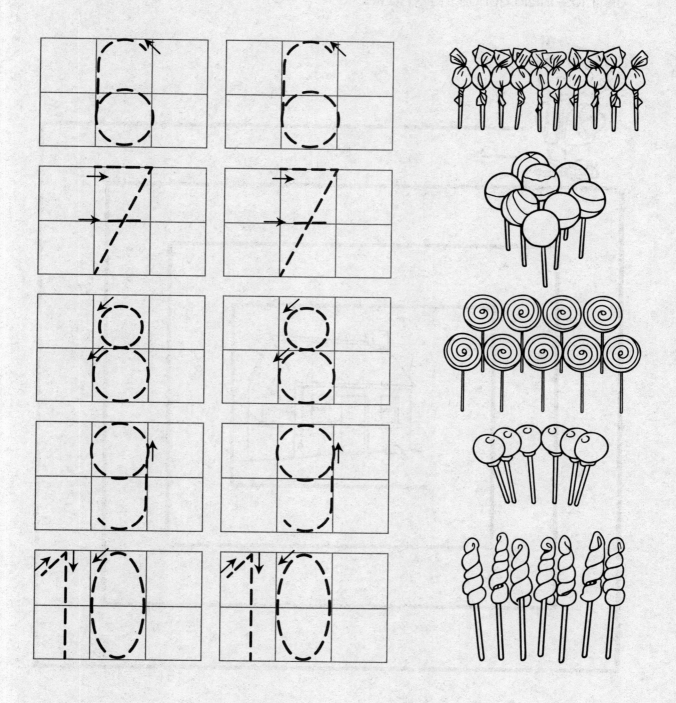

Aprendizaje esperado: Comunica de manera escrita los números del 1 al 10. Compara e iguala colecciones con base en la cantidad de elementos.

73

Tomás va a su casa que se encuentra en el centro de la hoja. Ayúdalo a llegar siguiendo el camino sin chocar. Repasa el camino con 5 colores distintos. Inicia donde indica la flecha.

¡Estos coches van a chocar! Necesitan tu ayuda para que esto no ocurra. Encierra en un círculo los coches que van a la izquierda.

Aprendizaje esperado: Ubica objetos a través de la interpretación de relaciones espaciales.

La familia García va a salir de vacaciones, están preparando su equipaje. Ayúdalos a saber cuántas cosas han metido en sus maletas contando y sumando.

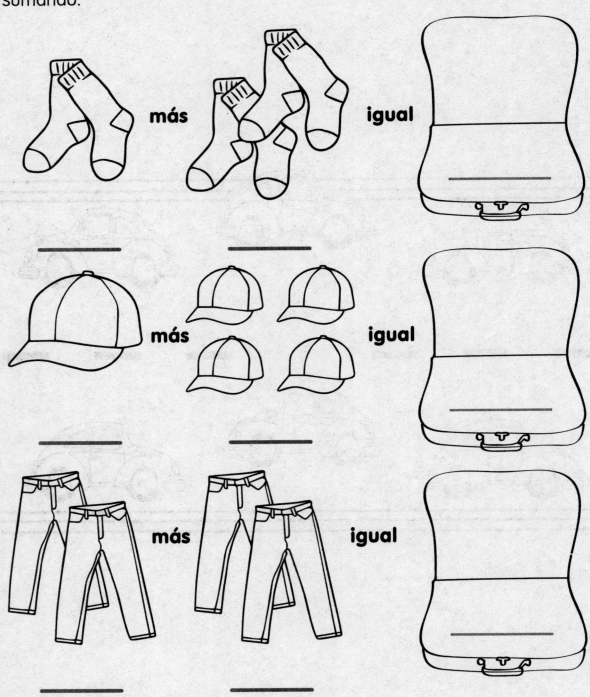

más   **igual**

más   **igual**

más   **igual**

Aprendizaje esperado: Resuelve problemas a través del conteo.

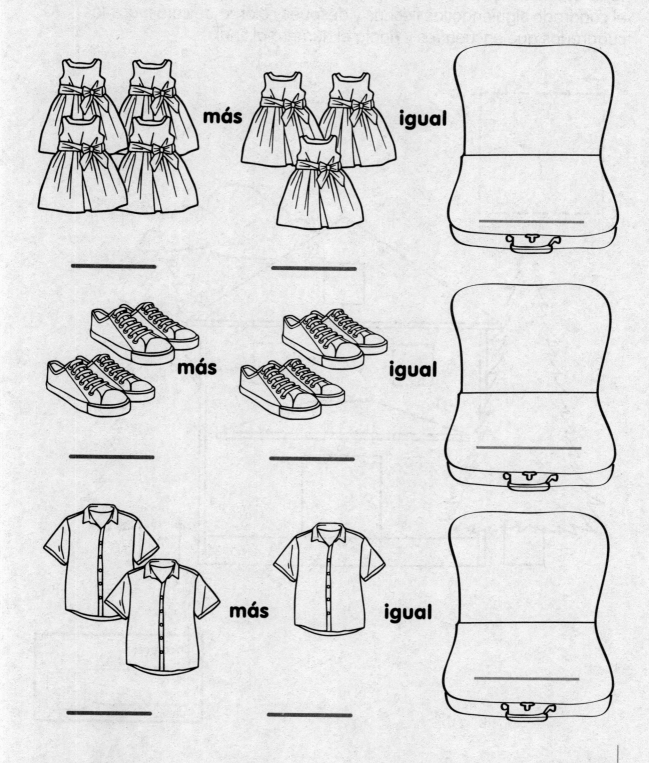

más   igual

más   igual

más   igual

Toño descubrió que los cuadrados tienen todos sus lados iguales. Delinea el cuadrado siguiendo las flechas y después colorea de café todos los cuadrados que encuentres y anota el número al final.

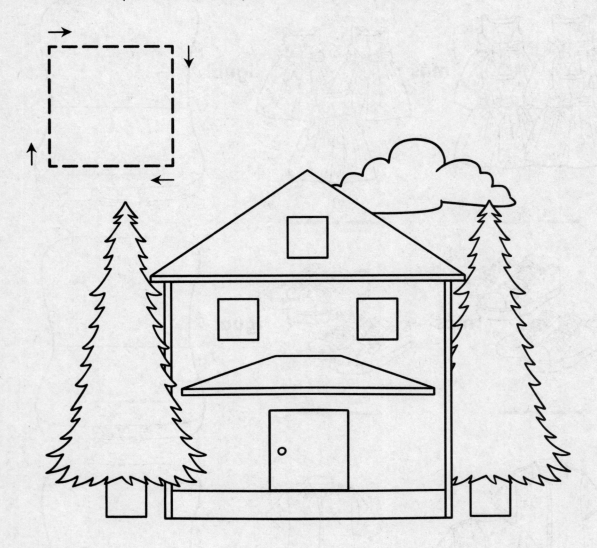

Encontré:

_____

Aprendizaje esperado: Resuelve problemas a través del conteo y reproduce figuras geométricas.

78

Hoy se pusieron de acuerdo Pilar y sus amigas para ir peinadas con moño. Colorea a las niñas que se pusieron su moño del lado derecho.

Aprendizaje esperado: Ubica objetos a través de la interpretación de relaciones espaciales.

79

Hoy se juntaron a jugar varios amigos, cada uno trajo sus juguetes y los van a unir. Ayúdalos a contarlos.

$$\begin{array}{r} 5 \\ +\ 5 \\ \hline \end{array}$$

$$\begin{array}{r} 6 \\ +\ 3 \\ \hline \end{array}$$

$$\begin{array}{r} 3 \\ + \ 3 \\ \hline \end{array}$$

$$\begin{array}{r} 4 \\ + \ 3 \\ \hline \end{array}$$

Aprendizaje esperado: Resuelve problemas a través del conteo.

Este cuadro es de un paisaje de un bosque. Resuelve las siguientes sumas para saber qué color debes poner en cada lugar, dependiendo de su resultado:

6 rosa   7 café   8 verde   9 azul   10 amarillo

Dentro del cuadro:

$5+5=$ ___

$4+5=$ ___

$6+4=$ ___

$6+3=$ ___

$5+3=$ ___

$3+3=$ ___

$5+5=$ ___

$5+2=$ ___

$4+4=$ ___

En el traje de este payaso hay cuadrados y círculos. Colorea los círculos de azul y los cuadrados de verde. Después escribe cuántos había de cada uno.

Había _____ ◯ y _____ ☐ .

Aprendizaje esperado: Resuelve problemas a través del conteo y reproduce figuras geométricas.

83

Fernando quiere saber qué suma da el resultado mayor, ayúdalo resolviendo las siguientes sumas y colorea de azul la pelota que tenga el resultado mayor y de rojo la que tenga el menor.

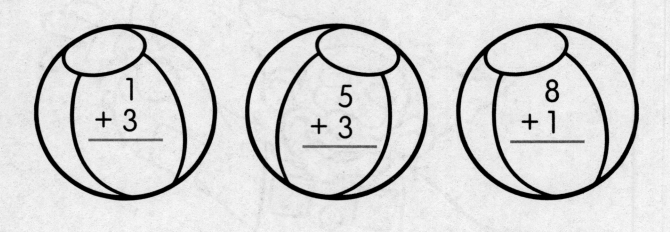

$$\begin{array}{r} 1 \\ + 3 \\ \hline \end{array}$$

$$\begin{array}{r} 5 \\ + 3 \\ \hline \end{array}$$

$$\begin{array}{r} 8 \\ + 1 \\ \hline \end{array}$$

$$\begin{array}{r} 2 \\ + 8 \\ \hline \end{array}$$

$$\begin{array}{r} 3 \\ + 2 \\ \hline \end{array}$$

$$\begin{array}{r} 7 \\ + 0 \\ \hline \end{array}$$

Aprendizaje esperado: Resuelve problemas a través del conteo. Compara colecciones con base en la cantidad de elementos.

En el muelle se pueden ver muchos veleros, sus velas tiene forma de triángulo. Colorea todos los triángulos que encuentres y traza los triángulos que están abajo de la página siguiendo los puntos.

Hoy van a poner flores en el jardín de Rocío, ayúdales a contar cuántas flores hay en cada maceta y anótalo en el cuadro. Recuerda que las macetas grandes tienen 10 flores cada una.

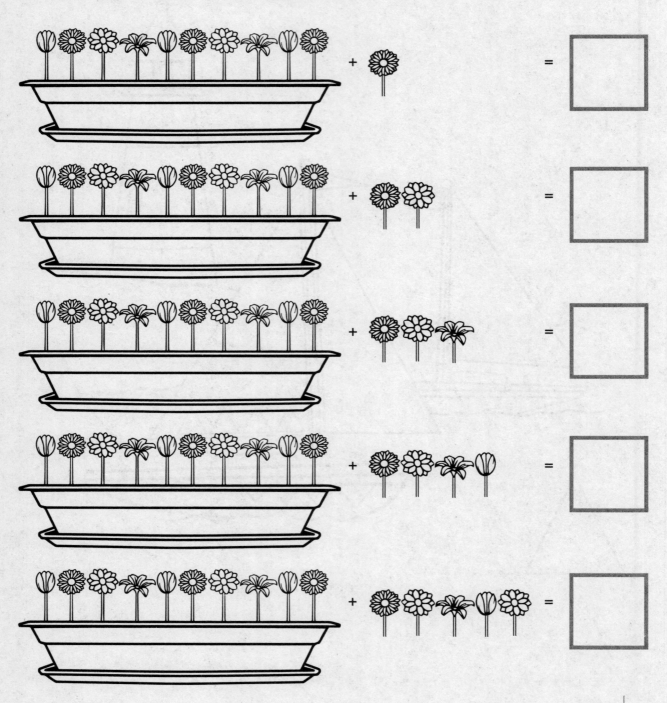

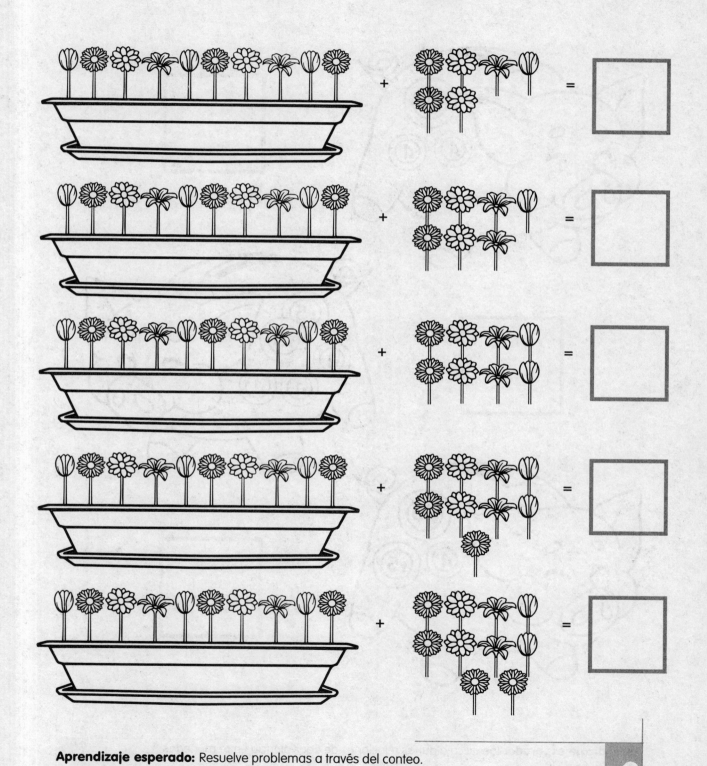

Aprendizaje esperado: Resuelve problemas a través del conteo.

Silvia y sus amigos están ahorrando. Cuenta cuánto dinero tiene cada uno y anótalo en el cuadro que está al lado.

Aprendizaje esperado: Identifica algunas relaciones de equivalencia entre monedas de $1, $2, $5 y $10.

Aprendizaje esperado: Identifica algunas relaciones de equivalencia entre monedas de $1, $2, $5 y $10.

Pensamiento matemático

Miguel fue a visitar a un amigo, está buscando su casa. Ayúdalo a encontrarla poniendo los números que faltan siguiendo la secuencia.

Aprendizaje esperado: Relaciona el número de elementos de una colección con la sucesión numérica escrita, del 1 al 20.

90

Nombra los números que aparecen aquí. Si unes los puntos siguiendo el orden del **1** al **20** encontrarás un transporte que va por el espacio. ¿Cuál crees que sea?

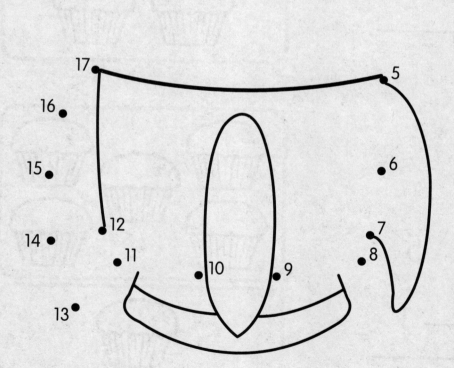

La familia Hernández fue a la panadería a comprar pan. Investiga cuántos le quedaron después de cenar resolviendo las operaciones.

$$7$$
$$-2$$

$$5$$
$$-1$$

4

— 3

___

1

— 1

___

En esta laguna hay muchos peces. Colorea de morado a los que nadan hacia la derecha y de rosa a los que nadan hacia la izquierda.

Si pones mucha atención encontrarás en este salón de clases muchos rectángulos. Coloréalos y después márcalos siguiendo las flechas.

Aprendizaje esperado: Reproduce figuras geométricas.

Mario quiere descubrir qué números son pares, ayúdalo encerrando los dibujos de dos en dos, si no queda ninguno solo, es que son pares. Pon una ✔ si el número es par.

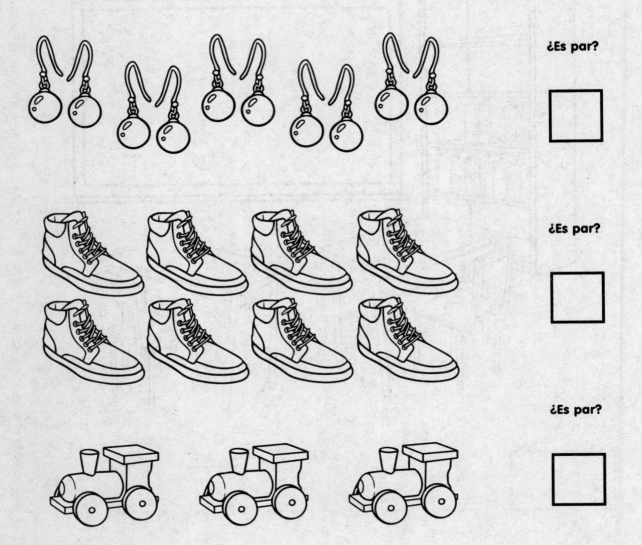

¿Es par?

¿Es par?

¿Es par?

Aprendizaje esperado: Resuelve problemas a través del conteo.

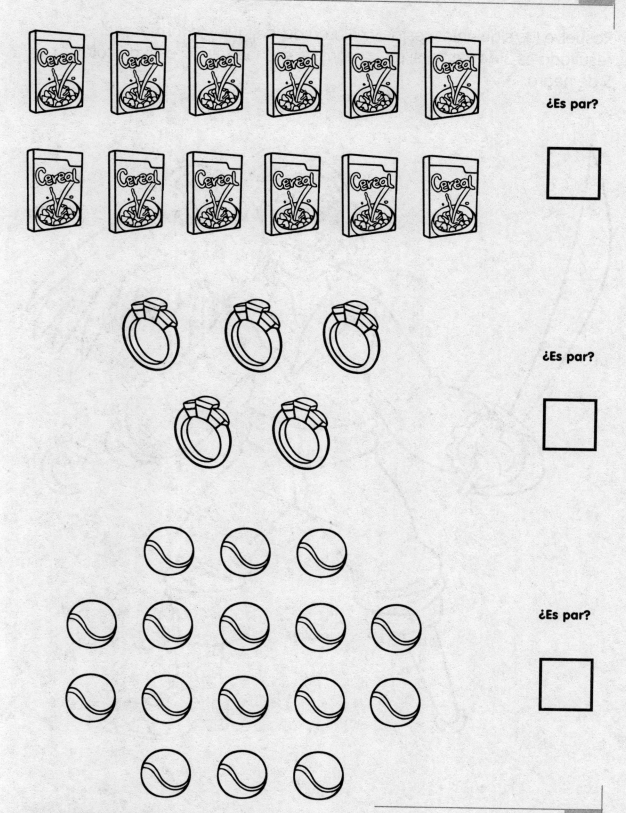

¿Es par?

¿Es par?

¿Es par?

Aprendizaje esperado: Resuelve problemas a través del conteo.

Resuelve las siguientes restas y colorea de la siguiente forma: si el resultado es 3 de verde, si es 1 de gris, si es 2 de rojo, si es 4 de café y si es 5 de negro.

Lola y sus amigos hicieron un robot con figuras geométricas. Delinea las figuras del color que se indica, después cuenta cuántas hay de cada una y anótalo abajo.

de café	**de rojo**	**de verde**	**de morado**

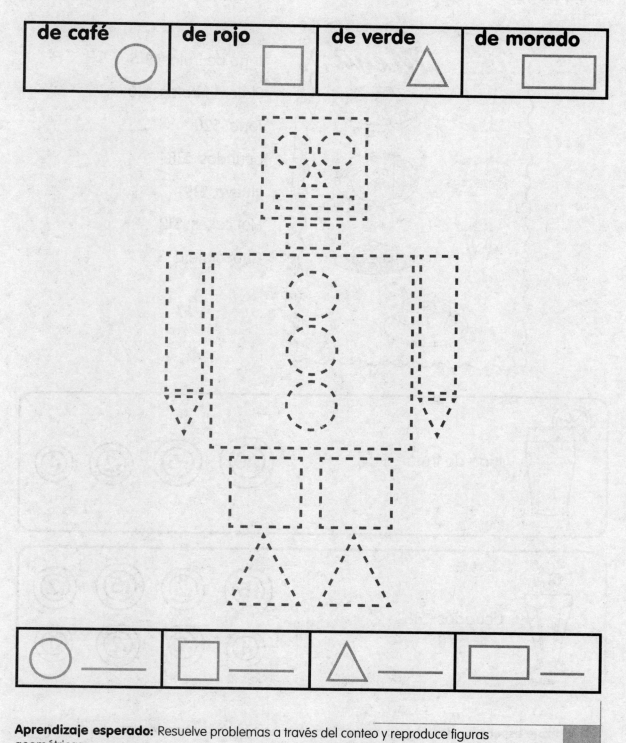

Aprendizaje esperado: Resuelve problemas a través del conteo y reproduce figuras geométricas.

Hoy la familia Pérez fue a desayunar a una cafetería, observa los costos de los productos y encierra en un círculo las monedas que necesitan para poder pagar.

Jugo de frutas: $15

Plato de frutas: $10

Torta: $20

Licuados: $18

Huevo: $19

Hot cakes: $12

Chocolate: $13

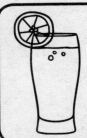 Jugo de frutas: $15

 Licuados: $18

Aprendizaje esperado: Identifica algunas relaciones de equivalencia entre monedas de $1, $2, $5 y $10 en situaciones ficticias de compra y venta.

Plato de frutas: $10

Chocolate: $13

Hot cakes: $12

Torta: $20

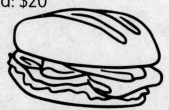

Huevo: $19

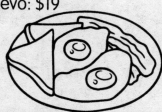

Aprendizaje esperado: Identifica algunas relaciones de equivalencia entre monedas de $1, $2, $5 y $10 en situaciones ficticias de compra y venta.

Rodrigo quiere saber si estos insectos están agrupados en pares o nones. Ayúdalo encerrándolos en un círculo de dos en dos, si queda alguno solo, es que son números nones. Pon una ✔ si es el número non.

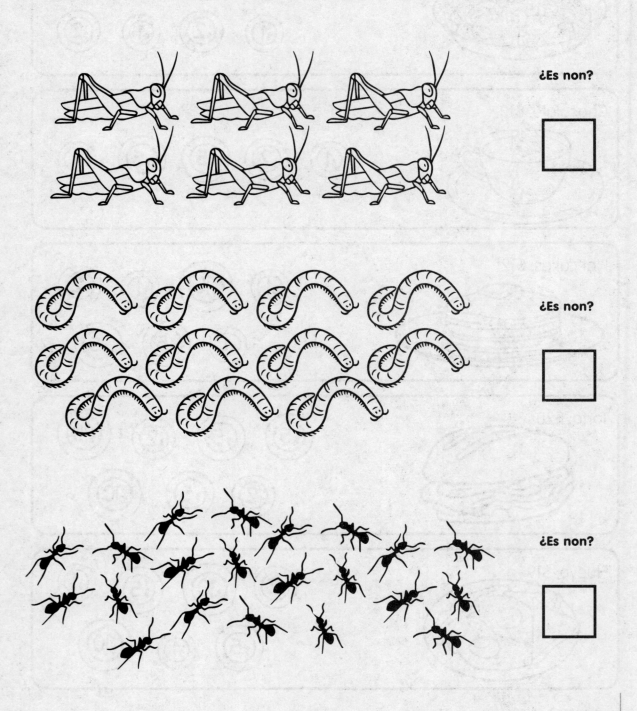

¿Es non?

¿Es non?

¿Es non?

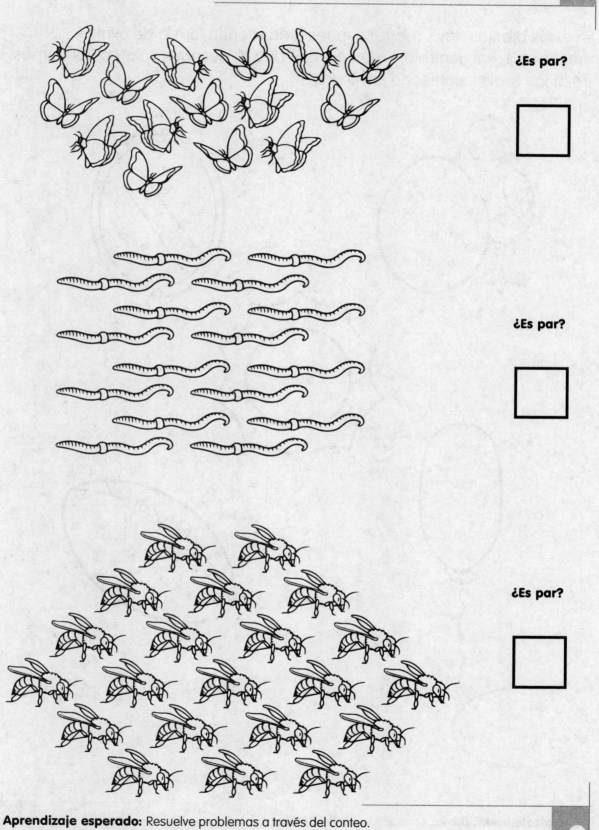

¿Es par?

¿Es par?

¿Es par?

Aprendizaje esperado: Resuelve problemas a través del conteo.

Pensamiento matemático

En estos dibujos hay un intruso, pues todos tienen forma de óvalo ⬭ menos uno, encuéntralo y márcalo con una **X**, después colorea las demás. Traza los óvalos siguiendo las líneas.

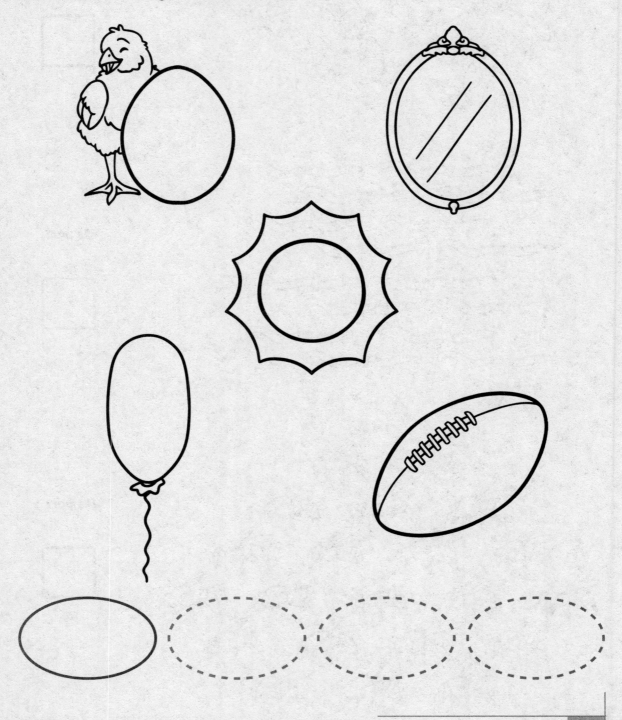

Nombra los números que aparecen aquí. Si unes los puntos siguiendo el orden del **1** al **30** encontrarás un transporte que va por aire. ¿Cuál crees que sea?

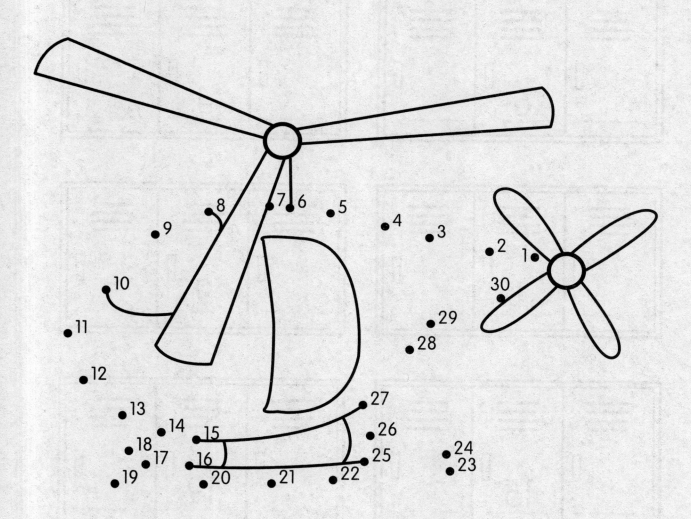

Fernando quiere guardar sus cosas en estos casilleros, ayúdalo a encontrar el suyo escribiendo el número que va antes y el que va después de cada uno.

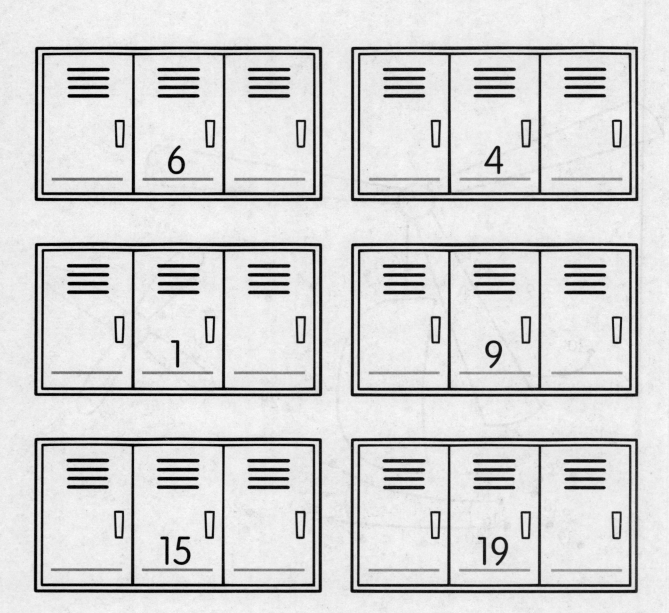

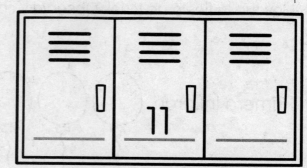

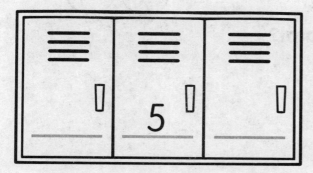

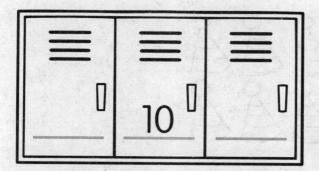

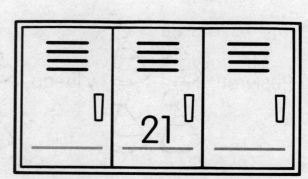

Aprendizaje esperado: Comunica de manera escrita los números.

Hoy fue la fiesta de Uriel. Observa y contesta.

Primero inflaron 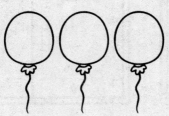 y después

¿Cuántos globos inflaron en total?

R = _____

Pusieron  y luego

¿Cuántos gorros pusieron en total?

R = _____

Recibió  y en la noche más

¿Cuántos regalos le dieron en total?

R = _____

Llegaron  y

¿Cuántos niños y niñas fueron en total?

R = _____ niños.

Aprendizaje esperado: Resuelve problemas a través del conteo.

Hoy fueron varios niños a una florería a comprar flores para su mamá. Cada tipo de flor tiene un valor diferente, recorta las monedas de la página 223 y pega las que cada quien necesita para pagar. Después coloréalas.

$24	$17	$30	$21

Aprendizaje esperado: Identifica algunas relaciones de equivalencia entre monedas de $1, $2, $5 y $10.

Hay varias actividades que realizas durante el día. Pon el número 1 a lo que haces primero, un 2 a lo que debes hacer después y así continua hasta numerar todas las imágenes.

Aprendizaje esperado: Identifica varios eventos de su vida cotidiana y dice el orden en que ocurren.

Observa con atención y encuentra las figuras que tengan forma de
y coloréalas. Después traza los rombos siguiendo las flechas.

Pulgas es un perro muy travieso y juguetón que necesita muchos cuidados. Completa cada dibujo con lo que necesita para estar bien recortando los dibujos de la página 223. Explica las escenas y después colorea a Pulgas.

Aprendizaje esperado: Describe información para responder dudas en relación con animales.

Lola y sus amigas fueron de paseo al bosque y vieron 5 animales que vuelan. Descubre cuáles fueron y enciérralos en un círculo.

Aprendizaje esperado: Describe y explica las características comunes que identifica entre seres vivos.

Aprendizaje esperado: Describe y explica las características comunes que identifica entre seres vivos.

115

Es muy importante cuidar el agua. Pon un ✗ en los dibujos donde se esté desperdiciando y colorea los dibujos en los que sí se cuida, comenta con un adulto la razón.

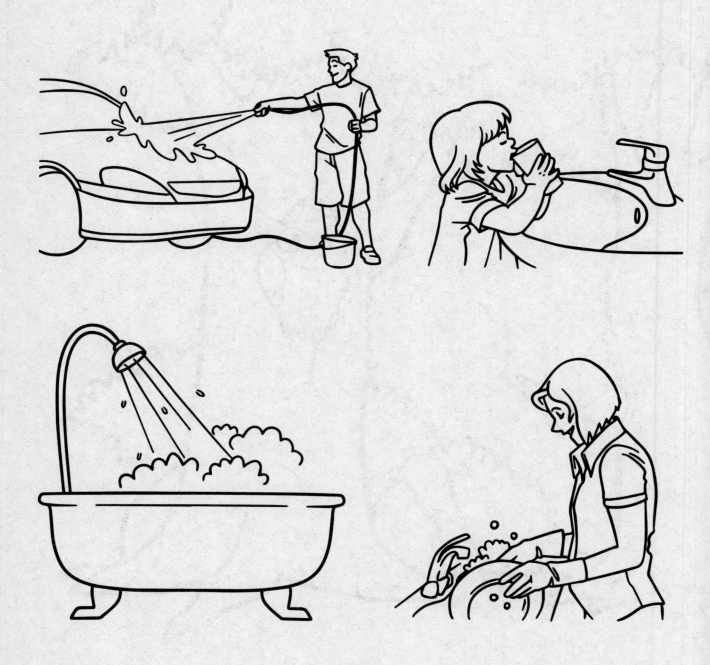

Aprendizaje esperado: Identifica y explica algunos efectos favorables y desfavorables de la acción humana sobre el medioambiente.

116

¿Sabías que hay personas que se levantan muy temprano para recoger la basura que hay en las calles? Usan uniformes de color llamativo para que las personas puedan verlos. Colorea su uniforme de naranja e investiga con un adulto por qué no hay que tirar basura en la calle.

Aprendizaje esperado: Identifica y explica algunos efectos favorables y desfavorables de la acción humana sobre el medioambiente.

¿Has visto un arcoíris? Investiga qué tiene que pasar para que se forme uno y coloréalo.

¿Sabías que tus abuelos utilizaban transportes para ir de un lugar a otro, pero eran diferentes a los que se usan ahora? Colorea de azul las que creas que usaban ellos y de rojo las que se usan en la actualidad. Pídeles que te expliquen las diferencias.

Aprendizaje esperado: Explica algunos cambios en costumbres y formas de vida en su entorno.

119

Colorea de rojo todas las esferas, de amarillo los focos y de verde el árbol.
¿Sabes qué época del año es? ¿En tu casa ponen un árbol así?

Indicadores de logro: Reconoce y valora costumbres y tradiciones que se manifiestan en los grupos sociales a los que pertenece.

Algunos animales para moverse de un lugar a otro nadan y otros se arrastran. Encierra en un círculo los que se arrastran y colorea a los que nadan.

Comer verduras nos hace crecer sanos. Encuentra el nombre de las verduras, encerrándolas en un círculo como en el ejemplo. Después colorea los dibujos.

pzanahoriapurmarabanohjrsipebhjlechugakñocintum
kqwpepinozanpolimkj

Aprendizaje esperado: Reconoce la importancia de una alimentación correcta.

Hay animales que cambian mucho cuando crecen. Descubre cómo cambia cada uno siguiendo la línea punteada para unirlos. Después coloréalos.

Hay diferentes tipos de plantas que pueden estar dentro de una casa.
Encuentra las dos macetas y los dos floreros y dibújales las plantas o flores
que tú prefieras.

Aprendizaje esperado: Describe y explica las características comunes que identifica entre seres vivos.

Aprendizaje esperado: Describe y explica las características comunes que identifica entre seres vivos.

125

Todos los seres vivos necesitan diferentes cosas para crecer. Colorea lo que necesitan las plantas.

Aprendizaje esperado: Explica las características comunes que identifica entre seres vivos.

126

Todos estos animales tienen alas pero no todos pueden volar. Investiga cuáles no vuelan y coloréalos.

Hay un parque en la colonia que está muy sucio. Todos los vecinos fueron a ayudar. Pon una ✗ en toda la basura que encuentres tirada. Comenta qué deben hacer para que esto no vuelva a ocurrir.

Aprendizaje esperado: Indaga acciones que favorecen el cuidado del medioambiente.

En la casa hay varios aparatos que utilizan energía eléctrica. ¿Sabes qué debemos hacer para ahorrar electricidad?
Colorea de azul el que sirve para enfriar los alimentos, de rojo el que los calienta, de verde el que los muele y de amarillo el que sirve para tostar el pan.

Aprendizaje esperado: Indaga acciones que favorecen el cuidado del medioambiente.

Observa las escenas y explícale a un adulto lo que crees que va a pasar. Después coloréalas.

Aprendizaje esperado: Atiende reglas de seguridad y evita ponerse en peligro.

Aprendizaje esperado: Atiende reglas de seguridad y evita ponerse en peligro.

¿Sabes qué pasa si metes el agua a un congelador? ¿Y si la pones mucho tiempo en la estufa? Une cada dibujo con lo que crees que puede ocurrir, después comenta tu respuesta y colorea.

Aprendizaje esperado: Amplía su conocimiento en relación con elementos naturales.

132

Algunos animales para desplazarse usan sus alas y otros sus patas colorea de amarillo los animales que vuelan y de café los que caminan.

Cada animal tiene una característica que lo hace especial. Reconoce a cada uno de estos animales y nombra o escribe abajo de ellos su nombre.

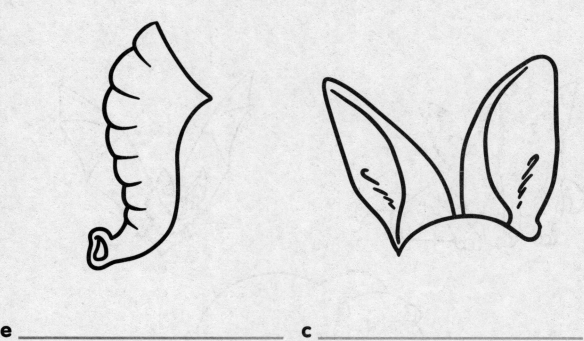

e _____   c _____

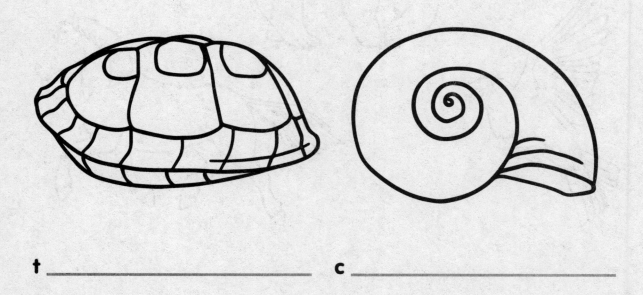

t _____   c _____

Aprendizaje esperado: Describe y explica las características que identifica entre seres vivos

134

Aquí hay muchos animales que viven en el mar. Encuéntralos y coloréalos.

Aprendizaje esperado: Describe y explica las características comunes que identifica entre seres vivos.

135

En la estaciones del año podemos ver muchos cambios naturales, por ejemplo en primavera los árboles se llenan de hojas y en otoño cambian su color y muchas se caen. Colorea de verde las hojas del árbol que creas que está en primavera y de café las que están en otoño.

Aprendizaje esperado: Comunica sus hallazgos al observar fenómenos naturales.

Sigue el camino sin chocar y descubrirás qué come cada animal.

¿Sabías que el carpintero es la persona que trabaja con la madera haciendo y arreglando muebles? Colorea las herramientas que emplea para trabajar y comenta para qué sirve cada una y qué cuidados debemos tener al usarlas.

Aprendizaje esperado: Atiende reglas de seguridad y evita ponerse en peligro.

140

El carpintero terminó su trabajo del día de hoy, descubre qué fue lo que hizo coloreando los objetos que están hechos de madera.

Aprendizaje esperado: Describe y explica las características comunes que identifica entre elementos que observa en la naturaleza.

141

En el mar puedes encontrar seres vivos y no vivos. Encierra en un círculo los seres que no están vivos y colorea los que sí lo están.

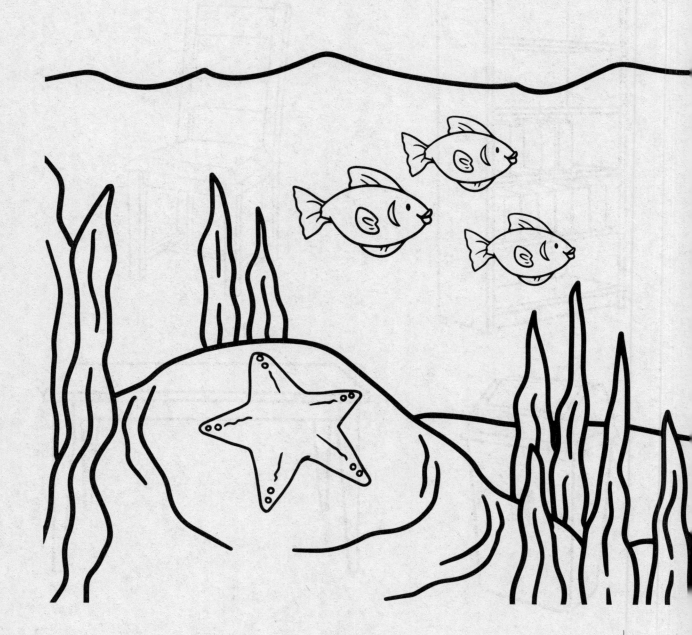

Aprendizaje esperado: Explica las características comunes que identifica entre seres vivos.

142

Aprendizaje esperado: Explica las características comunes que identifica entre seres vivos.

143

Copia a este peligroso animal, ¿sabes su nombre?, ¿dónde vive?

Aprendizaje esperado: Describe y explica las características comunes que identifica entre seres vivos.

¿Sabes dónde viven estos animales? Colorea los que puedan vivir en tu casa.

Aprendizaje esperado: Describe y explica las características comunes que identifica entre seres vivos.

145

Todos estos instrumentos musicales utilizan cuerdas para que puedan sonar, dibújaselas y después colorea los dibujos. ¿Sabes cómo se llaman? Pide a un adulto que te muestre el sonido que emiten.

Aprendizaje esperado: Relaciona los sonidos que escucha con las fuentes sonoras que los emiten.

Colorea las flores utilizando diferentes tonos de rojo.

Colorea aquellas cosas que pueden producir algún sonido.

Aprendizaje esperado: Relaciona los sonidos que escucha con las fuentes sonoras que los emiten.

148

Aprendizaje esperado: Relaciona los sonidos que escucha con las fuentes sonoras que los emiten.

149

Canta esta canción y colorea el dibujo que le corresponde.

Un elefante se columpiaba
sobre la tela de una araña
como veía que resistía
fue a llamar a otro elefante.
Dos elefantes se columpiaban
sobre la tela de una araña,
como veían que resistía
fueron a llamar a otro elefante.
Tres elefantes…

Aprendizaje esperado: Selecciona piezas musicales para cantar.

Juega con alguien a representar los siguientes animales y objetos, puedes hacer sonidos. Cuando la otra persona haya adivinado, es tu turno. Después coloréalos.

Aprendizaje esperado: Representa personajes con mímica.

Estas frutas son de color **rojo**, traza su nombre y después coloréalas.

Estas frutas son de color **amarillo**, traza su nombre y después coloréalas.

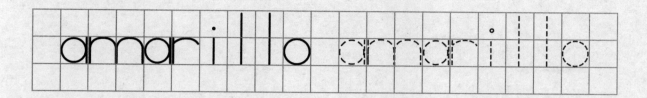

Todas estas cosas son de color **azul**, traza su nombre y después coloréalas.

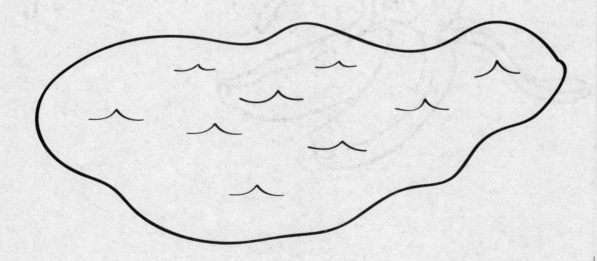

Aprendizaje esperado: Usa recursos de las artes visuales.

Todas estas cosas son de color **naranja**, traza su nombre y después coloréalas.

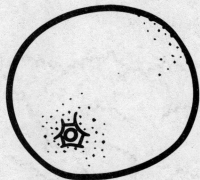

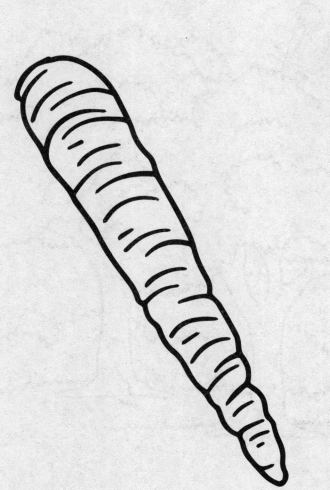

En la naturaleza hay muchas cosas de color **verde**, traza su nombre y después coloréalas.

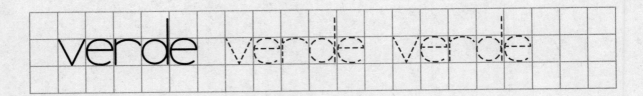

Aprendizaje esperado: Usa recursos de las artes visuales.

Hay osos de diferentes colores, éstos son de color **café**, traza el nombre y después coloréalos.

Artes. Expresión y apreciación

Todas estas cosas son de color **negro**, traza su nombre y después coloréalas.

negro negro negro

Aprendizaje esperado: Usa recursos de las artes visuales.

Todas estas cosas son de color **morado**, traza su nombre y después coloréalas.

Artes. Expresión y apreciación

Traza el nombre de cada color y únelo con el objeto que sea de ese mismo color. Después coloréalos como corresponde.

amarillo

rojo

azul

verde

Traza el nombre de cada color y después únelo con el objeto que sea de ese mismo color. Después coloréalos como corresponde.

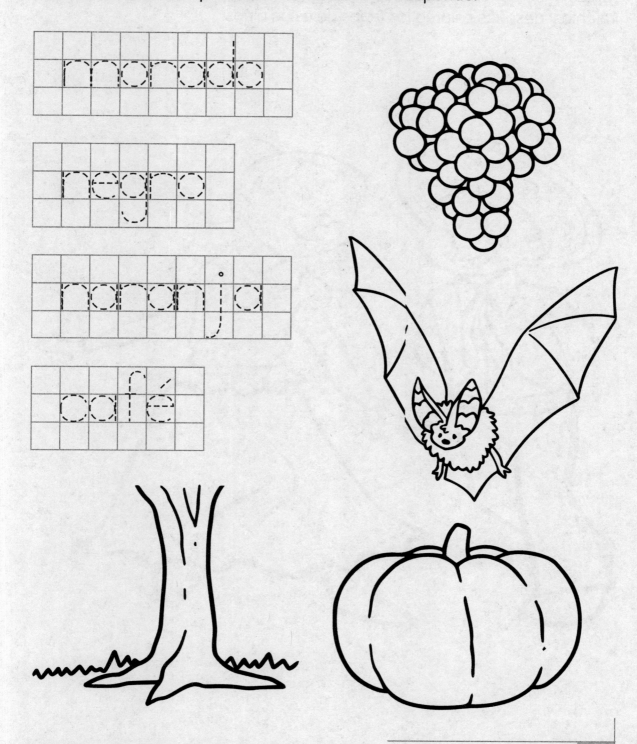

Paula y Carlos están bailando el "Jarabe Tapatío", que es un baile típico de Jalisco. Pide a un adulto que te muestre un video y trata de imitar los movimientos, después colorea los trajes de estos niños.

Aprendizaje esperado: Baila y se mueve con música variada, coordinando secuencias de movimientos y desplazamientos.

162

Camila no sabe dónde dejó sus zapatos, ayúdala a encontrarlos siguiendo el camino sin chocar.

Aprendizaje esperado: Utiliza materiales en actividades que requieren de control y precisión en sus movimientos.

163

Gerardo está buscando sus canicas para jugar, sigue el camino sin chocar y lo ayudarás a encontrarlas.

Aprendizaje esperado: Utiliza materiales en actividades que requieren de control y precisión en sus movimientos.

Armando quiere dibujar un castillo, ayúdalo completando la figura tomando como guía el dibujo de la izquierda, cuenta los cuadros para guiarte.

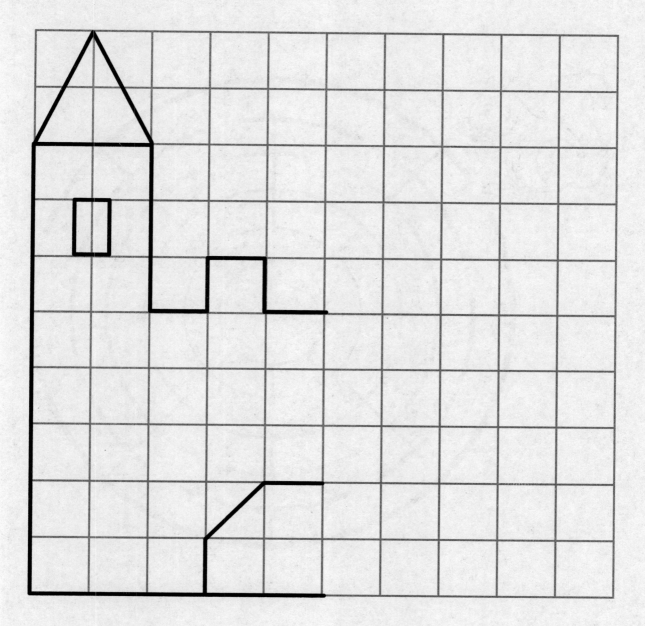

Aprendizaje esperado: Utiliza materiales en actividades que requieren de control y precisión en sus movimientos.

Esta ardilla quiere regresar al bosque, ayúdale a encontrar el camino para que lo logre.

Aprendizaje esperado: Utiliza materiales en actividades que requieren de control y precisión en sus movimientos.

166

Martín puso en el piso unas pelotas como si fueran planetas y decidió correr alrededor de ellas. Traza varias veces el camino que siguió, inicia donde empiezan las flechas y después colorea los planetas.

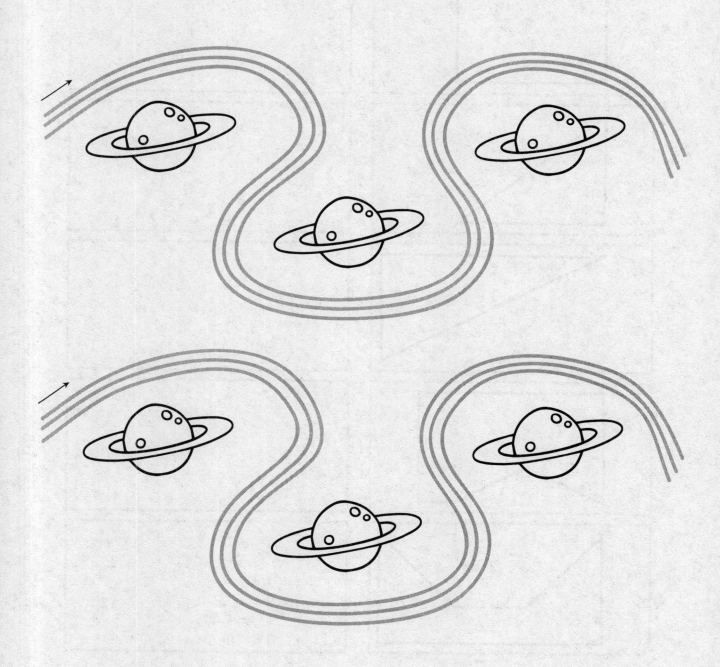

Aprendizaje esperado: Utiliza materiales en actividades que requieren de control y precisión en sus movimientos.

167

Educación física

Copia las figuras de la izquierda en los puntos del lado derecho.

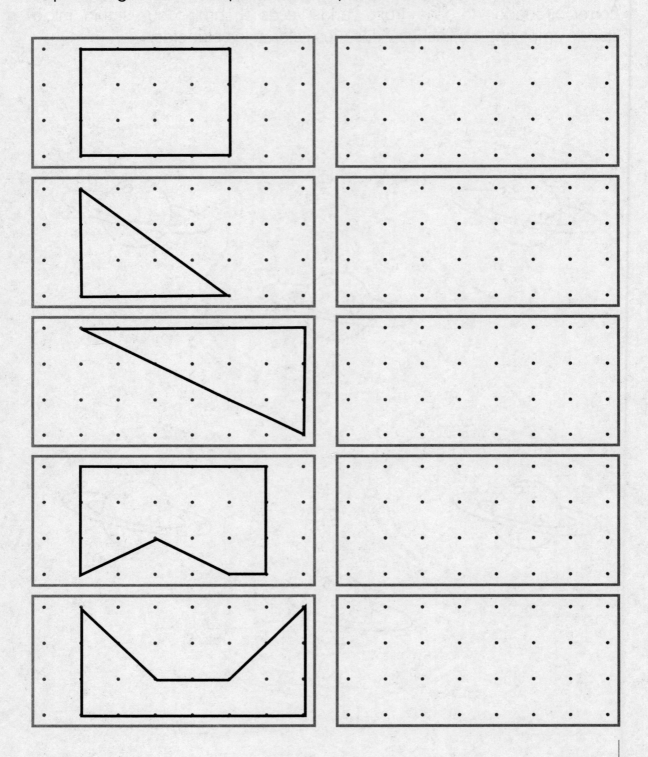

Aprendizaje esperado: Utiliza materiales en actividades que requieren de control y precisión en sus movimientos.

Copia las figuras de la izquierda en los puntos del lado derecho.

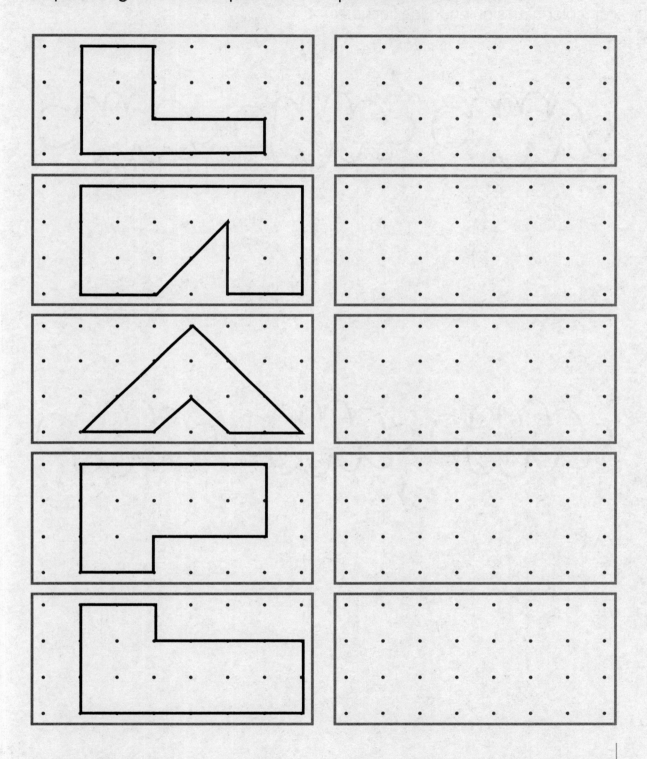

Hoy llueve muy fuerte, colorea las nubes con un gis mojado y traza la lluvia con color azul siguiendo las flechas.

Aprendizaje esperado: Utiliza materiales en actividades que requieren de control y precisión en sus movimientos.

Hoy hay una carrera de autos. Sigue su recorrido iniciando donde indica la flecha y después coloréalos.

Aprendizaje esperado: Utiliza materiales en actividades que requieren de control y precisión en sus movimientos.

Estas orugas van caminando por el jardín, delinéalas de color café y traza con color verde el pasto, inicia donde indican las flechas.

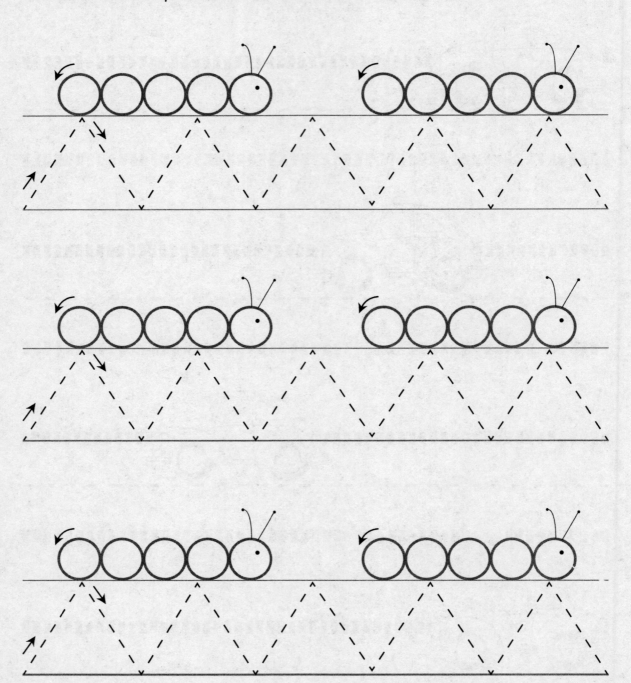

Aprendizaje esperado: Utiliza materiales en actividades que requieren de control y precisión en sus movimientos.

Hoy es un buen día para volar papalotes. Sigue las líneas como te indican las flechas usando diferentes colores.

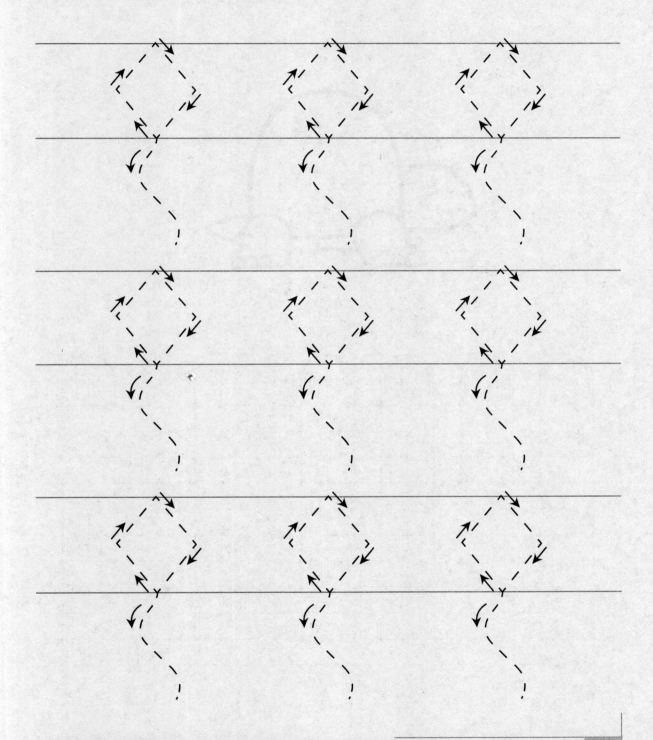

Aprendizaje esperado: Utiliza materiales en actividades que requieren de control y precisión en sus movimientos.

Estas tortugas están caminando, sigue las líneas como te indican las flechas para poder trazarlas.

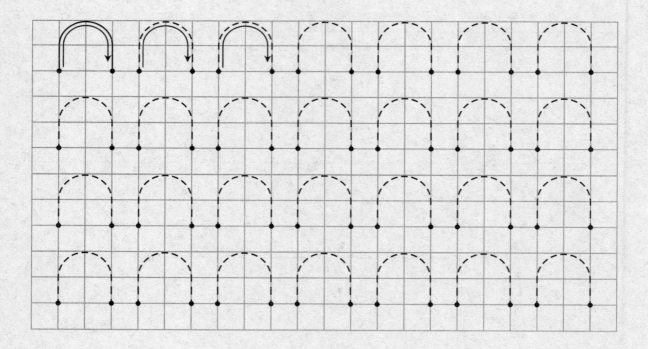

Aprendizaje esperado: Utiliza materiales en actividades que requieren de control y precisión en sus movimientos.

174

Sigue la línea punteada para trazar estos animales y colorea el que es imaginario.

Aprendizaje esperado: Utiliza materiales en actividades que requieren de control y precisión en sus movimientos.

175

Las **a**bejas son insectos que producen miel. Encuentra a las 5 **a**bejas que están entre las flores y márcalas con un **✗**.
Después traza cada letra como lo indican las flechas.

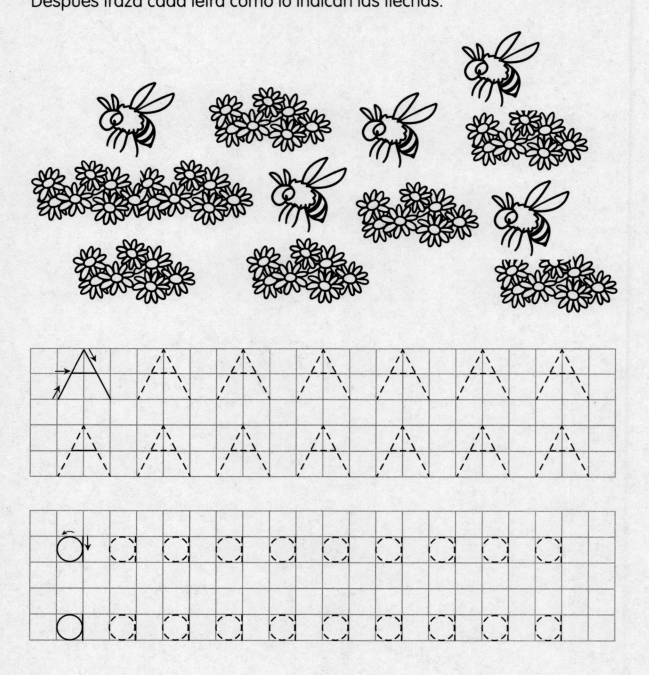

¿Recuerdas cuando eras un **b**ebé? Pídeles a tus papás que te muestren una foto, verás cómo has cambiado.

Colorea a este **b**ebé y traza cada letra como lo indican las flechas.

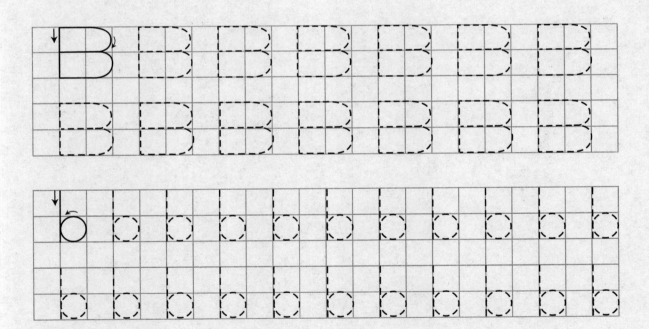

Aprendizaje esperado: Utiliza materiales en actividades que requieren de control y precisión en sus movimientos.

177

A este **c**amión le hacen falta cosas muy importantes. Dibújale lo que le falta.

Después coloréalo y traza cada letra como lo indican las flechas.

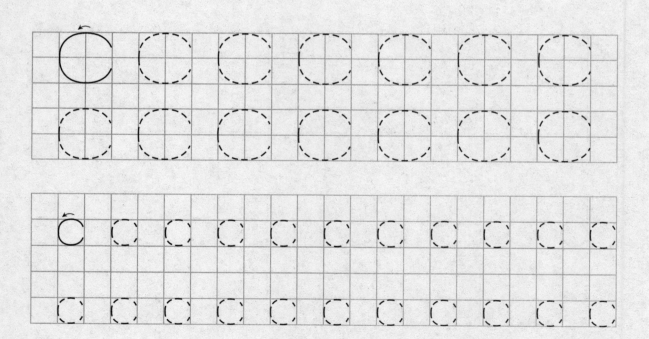

Aprendizaje esperado: Utiliza materiales en actividades que requieren de control y precisión en sus movimientos.

Julia y Renata están jugando **d**ominó, ayúdalas a dibujar los puntos que corresponden en los espacios en blanco para que se correspondan con las fichas de al lado.

Después traza cada letra como lo indican las flechas.

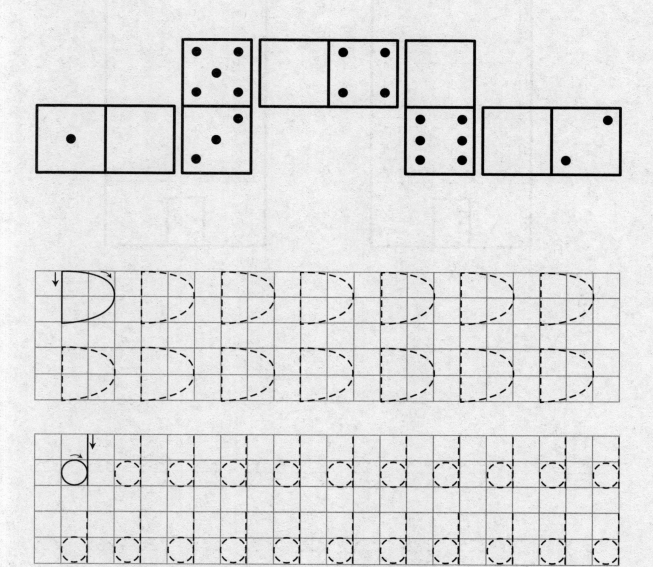

Aprendizaje esperado: Utiliza materiales en actividades que requieren de control y precisión en sus movimientos.

Estos dos **e**dificios deben ser iguales. Dibuja las ventanas del **e**dificio de la izquierda siguiendo la línea punteada y dibuja las que le faltan al de la derecha uniendo los puntos.

Después traza cada letra como lo indican las flechas.

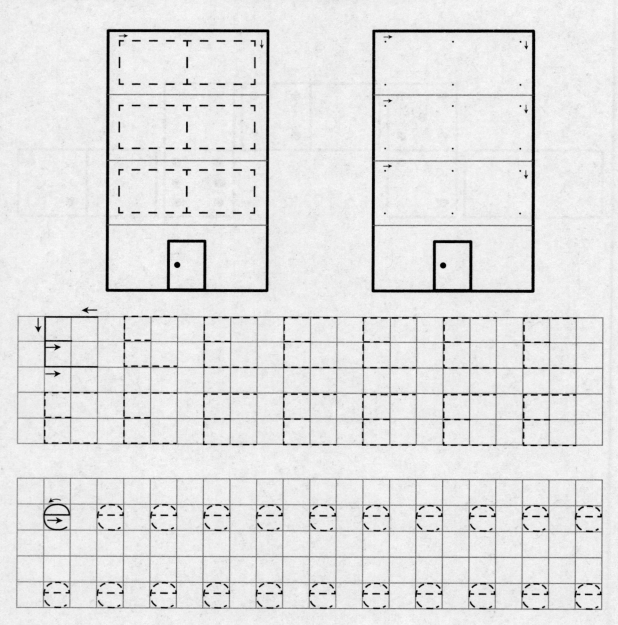

Cuando empieza a oscurecer es necesario prender las luces. Colorea el **f**oco que sea como el que hay en tu casa.
Después traza cada letra como lo indican las flechas.

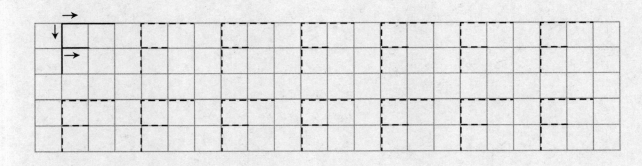

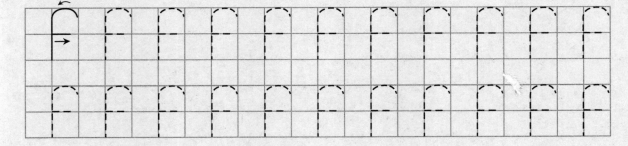

La comida favorita de este **g**ato son los ratones. ¿Cuál es la tuya?
Colorea el dibujo y después traza cada letra como lo indican las flechas.

Aprendizaje esperado: Utiliza materiales en actividades que requieren de control y precisión en sus movimientos.

182

Dibuja dos bolas de **h**elado a cada cono de acuerdo a tus sabores preferidos.

Después traza cada letra como lo indican las flechas.

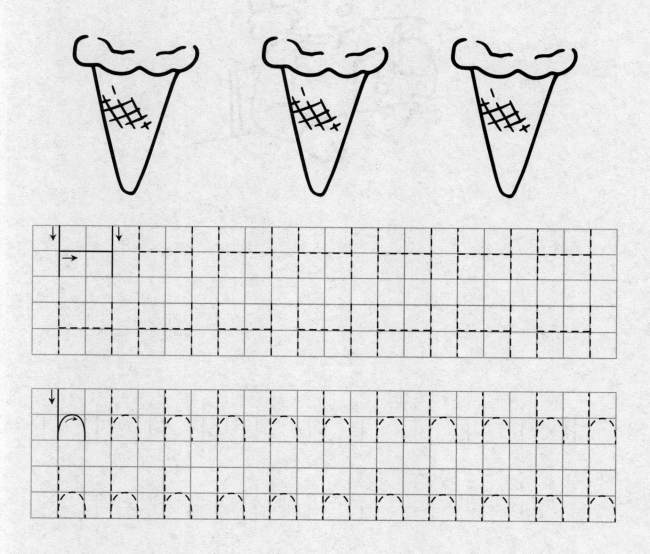

Aprendizaje esperado: Utiliza materiales en actividades que requieren de control y precisión en sus movimientos.

183

¿Sabías que el **i**mán puede atraer a otros metales? Pide en tu casa que te muestren uno y verás cómo lo hace.

Después colorea el dibujo y traza cada letra como lo indican las flechas.

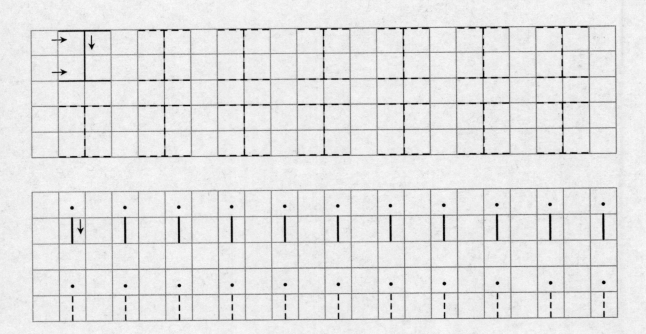

Aprendizaje esperado: Utiliza materiales en actividades que requieren de control y precisión en sus movimientos.

184

¿Sabías que las jirafas son los animales más altos del mundo? Su cuerpo tiene varias manchas cafés. Dos de estas jirafas no tienen manchas, dibújaselas.

Después traza cada letra como lo indican las flechas.

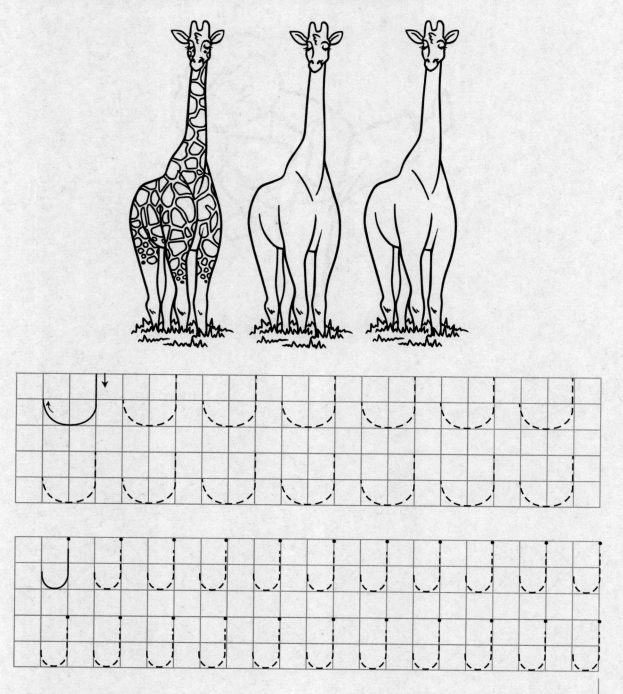

Aprendizaje esperado: Utiliza materiales en actividades que requieren de control y precisión en sus movimientos.

Educación física

Lalo entrena **k**arate. ¿Tú practicas algún deporte? Si no, ¿cuál te gustaría hacer?
Coloréala el dibujo y traza cada letra como lo indican las flechas.

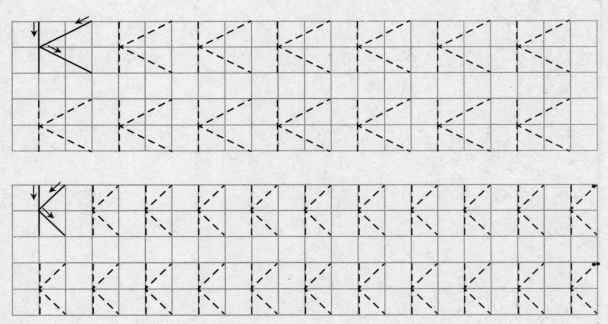

Aprendizaje esperado: Utiliza materiales en actividades que requieren de control y precisión en sus movimientos.

Los **l**obos viven en manadas y aúllan para comunicarse. Imita el sonido que hace un **l**obo.
Colorea a los **l**obos y traza cada letra como lo indican las flechas.

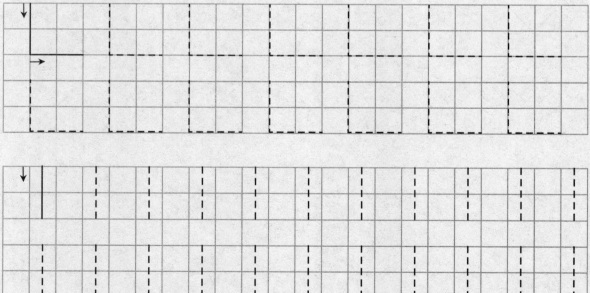

Los **m**onstruos son seres imaginarios con características raras, como tener muchos ojos, manos, etc. Dibuja este **m**onstruo como tú quieras. Después traza cada letra como lo indican las flechas.

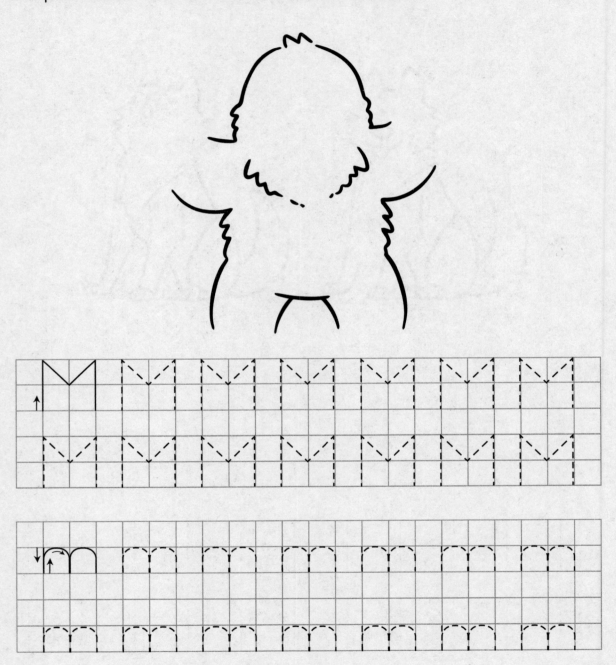

Aprendizaje esperado: Utiliza materiales en actividades que requieren de control y precisión en sus movimientos.

En la **n**oche se pueden ver la luna y las estrellas.
Dibuja la luna y colorea el dibujo. Después traza cada letra como lo indican las flechas.

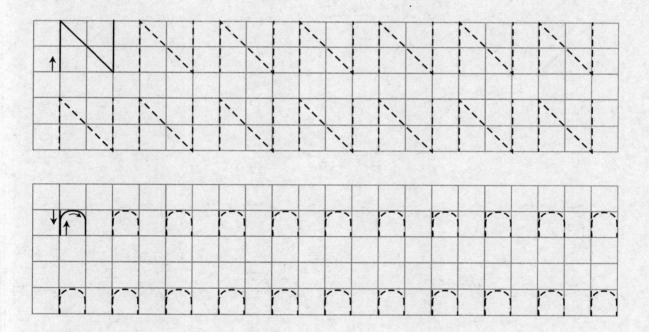

Aprendizaje esperado: Utiliza materiales en actividades que requieren de control y precisión en sus movimientos.

Este animal se llama **ñ**u y vive en África. Observa con atención y encuentra las tres diferencias que hay.
Después traza cada letra como lo indican las flechas.

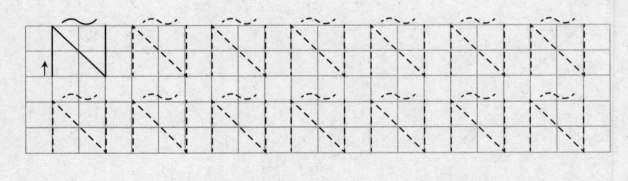

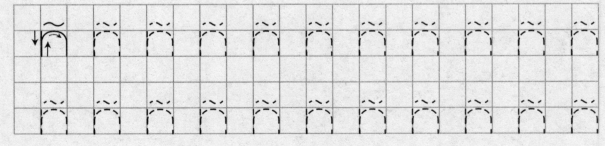

Aprendizaje esperado: Utiliza materiales en actividades que requieren de control y precisión en sus movimientos.

Tus **o**jos te sirven para ver. Dibújale a este niño sus **o**jos y coloréalos del mismo color que los tuyos, no olvides ponerle cejas y pestañas.
Después traza cada letra como lo indican las flechas.

Aprendizaje esperado: Utiliza materiales en actividades que requieren de control y precisión en sus movimientos.

Los **p**eces viven en el agua y pueden ser de muchos colores. Delinea cada **p**ez con un color distinto.
Después traza cada letra como lo indican las flechas.

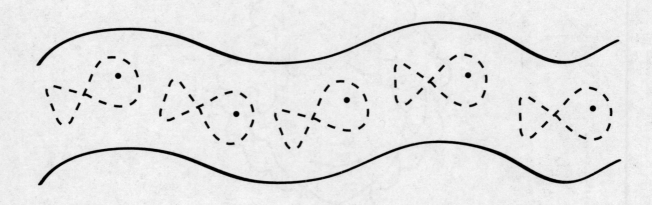

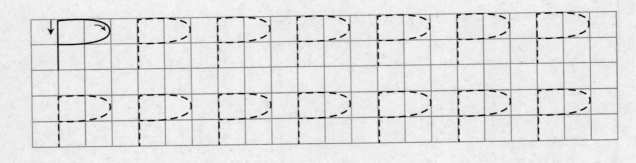

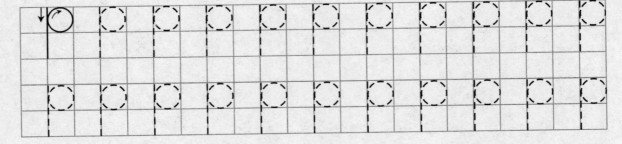

Aprendizaje esperado: Utiliza materiales en actividades que requieren de control y precisión en sus movimientos.

192

¿Sabías que el **q**ueso lo hacen con leche? ¿Te gusta comer **q**ueso? Encierra en un círculo todos los alimentos que tengan **q**ueso.
Después traza cada letra como lo indican las flechas.

Esta **r**ana va a saltar de una hoja a otra. Sigue la línea punteada hasta llegar a la última hoja. Después coloréala y traza cada letra como lo indican las flechas.

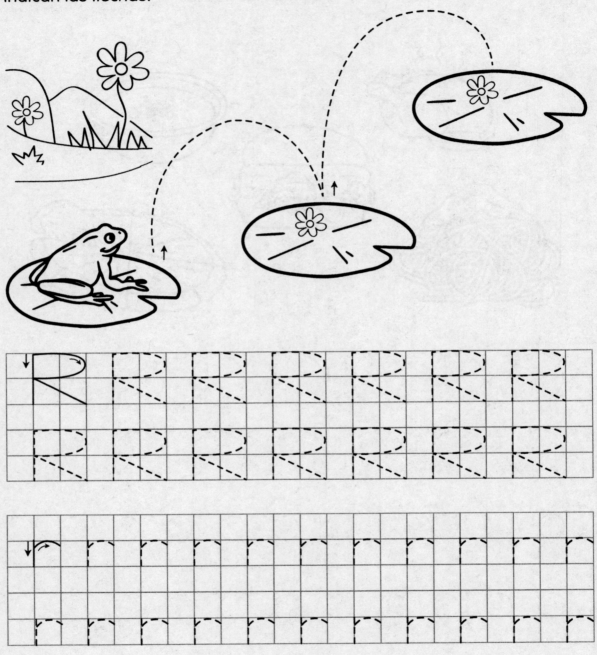

Aprendizaje esperado: Utiliza materiales en actividades que requieren de control y precisión en sus movimientos.

194

El **s**ol es una estrella luminosa. Dibújale sus rayos y después coloréalo. Traza cada letra como lo indican las flechas.

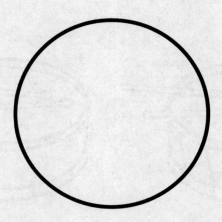

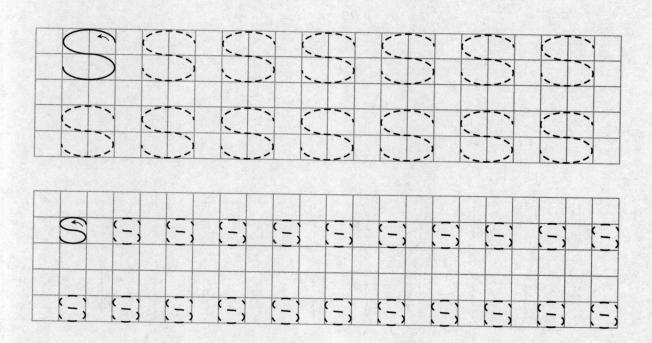

Aprendizaje esperado: Utiliza materiales en actividades que requieren de control y precisión en sus movimientos.

Educación física

El **t**ambor es un instrumento musical. El segundo **t**ambor no está adornado, decóralo como quieras.
Después traza cada letra como lo indican las flechas.

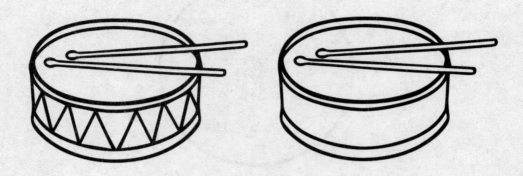

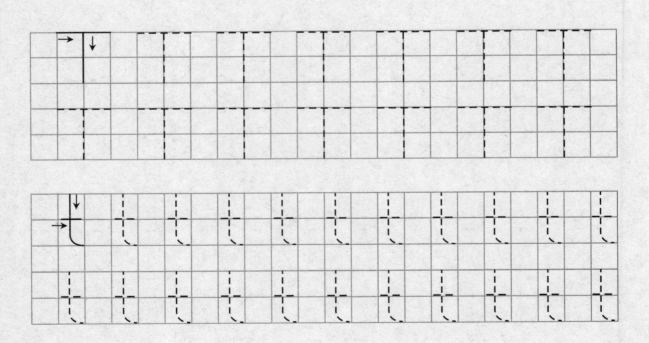

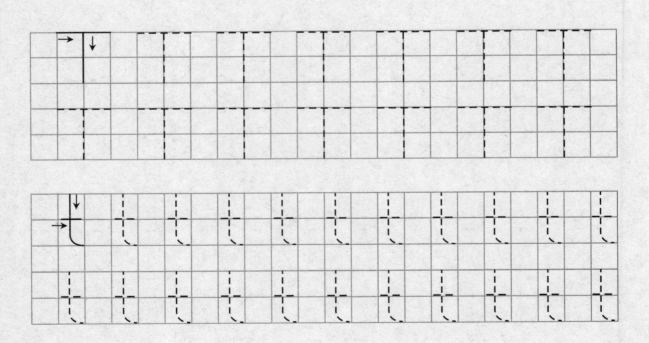

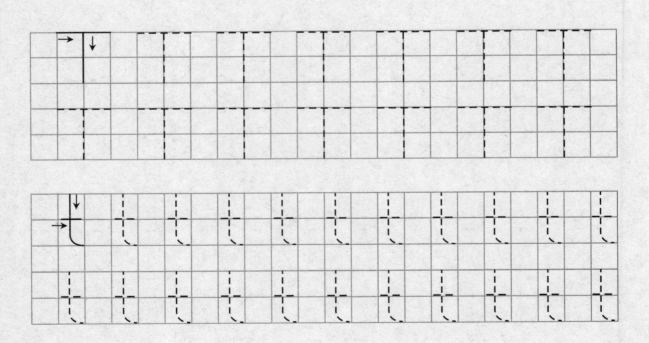

Aprendizaje esperado: Utiliza materiales en actividades que requieren de control y precisión en sus movimientos.

La **u**va es una fruta muy fresca. ¿Te gusta su sabor? Completa los racimos. Después traza cada letra como lo indican las flechas.

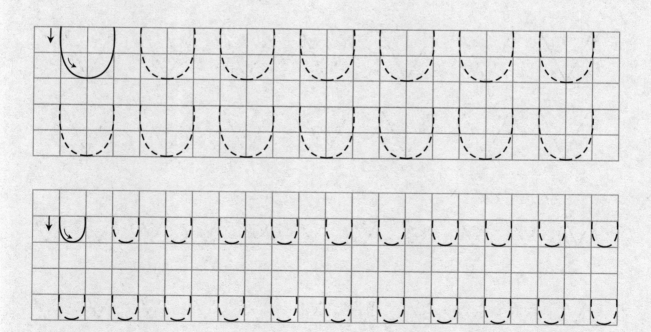

Aprendizaje esperado: Utiliza materiales en actividades que requieren de control y precisión en sus movimientos.

Educación física

La **v**aca nos da muchos productos, coloréalos.
Después traza cada letra como lo indican las flechas.

Aprendizaje esperado: Utiliza materiales en actividades que requieren de control y precisión en sus movimientos.

198

A **W**alter le encanta jugar futbol, colorea su uniforme como el de tu equipo favorito.

Después traza cada letra como lo indican las flechas.

Aprendizaje esperado: Utiliza materiales en actividades que requieren de control y precisión en sus movimientos.

199

Educación física

El **x**ilófono es un instrumento musical, sus láminas pueden ser de madera o de metal. Coloréalo de café si crees que éste es de madera o de gris si crees que es de metal. Después traza cada letra como lo indican las flechas.

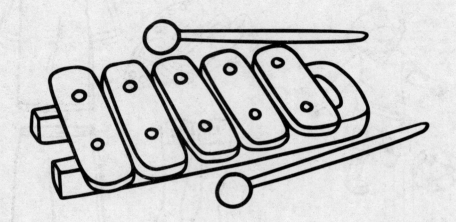

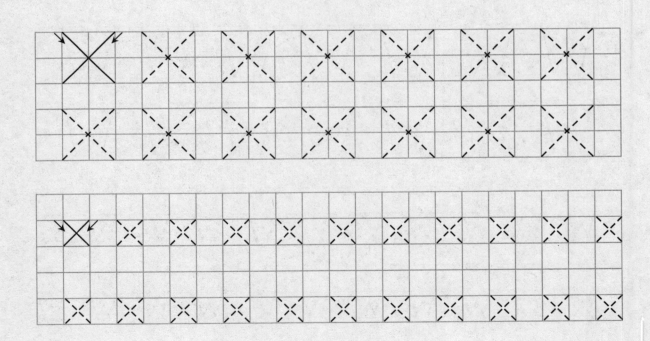

Aprendizaje esperado: Utiliza materiales en actividades que requieren de control y precisión en sus movimientos.

Este **y**ate tiene velas con un diseño muy original. Elige el que más te guste para adornarlas.
Después traza cada letra como lo indican las flechas.

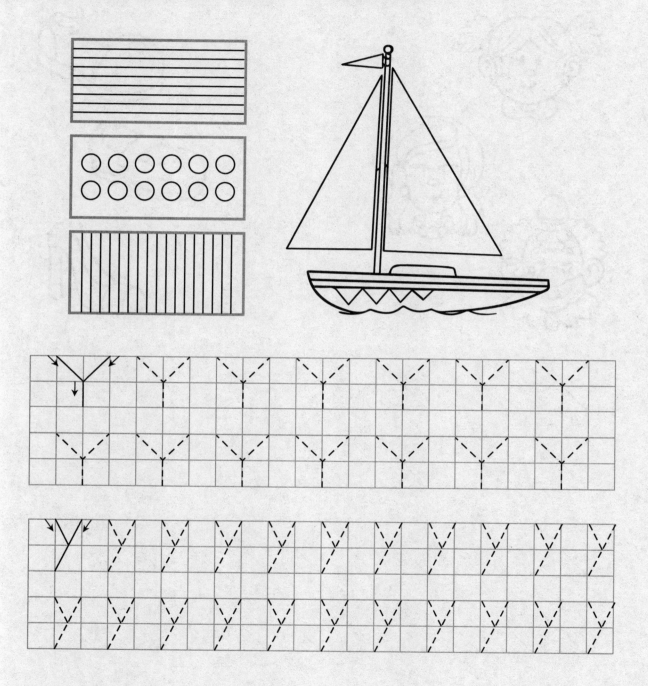

Aprendizaje esperado: Utiliza materiales en actividades que requieren de control y precisión en sus movimientos.

201

Une a cada persona con el **z**apato que le corresponde.
Después traza cada letra como lo indican las flechas.

Aprendizaje esperado: Utiliza materiales en actividades que requieren de control y precisión en sus movimientos.

202

¡Hola! ¿Sabes cómo se dicen estas palabra en inglés? Coloréalas.

Aprendizaje esperado: Distingue la escritura de algunas expresiones.

Une cada dibujo con el saludo que corresponde de acuerdo con la hora del día. Dilos en voz alta y después coloréalos.

Good morning

Good night

Aprendizaje esperado: Participa en la exploración de expresiones de saludo.

204

En el cuadro encontrarás el nombre de las diferentes partes de la cara. Cópialas en el lugar que corresponde.

nose	ears	eye	mouth	hair

Aprendizaje esperado: Reconoce partes del cuerpo por su nombre.

Pide a un adulto que te lea esta simpática rima y trata de representarla con un amigo.

TWO LITTLE DICKIE BIRDS

Two little dickie birds,
Itting on a wall;
One named Peter,
One named Paul.
Fly away Peter!
Fly away Paul!
Come Back Peter!
Come Back Paul!

Aprendizaje esperado: Escucha rimas.

Une con una línea cada palabra con la parte del cuerpo que le corresponde.

Head

Hand

Stomach

Arm

Chest

Neck

Fingers

Toes

Leg

Foot

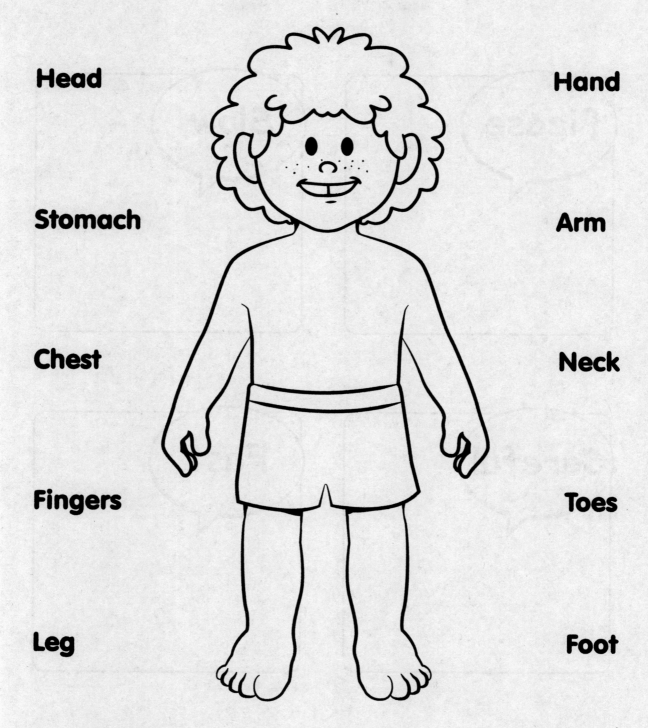

Aprendizaje esperado: Reconoce partes del cuerpo por su nombre.

Busca en la página 221 los dibujos. Pégalos donde correspondan y coloréalos.

Aprendizaje esperado: Reconoce palabras y expresiones.

Busca en la página 219 los dibujos. Pégalos donde correspondan y coloréalos.

Aprendizaje esperado: Reconoce palabras y expresiones.

Colorea cada globo de acuerdo con el color que se te pide.

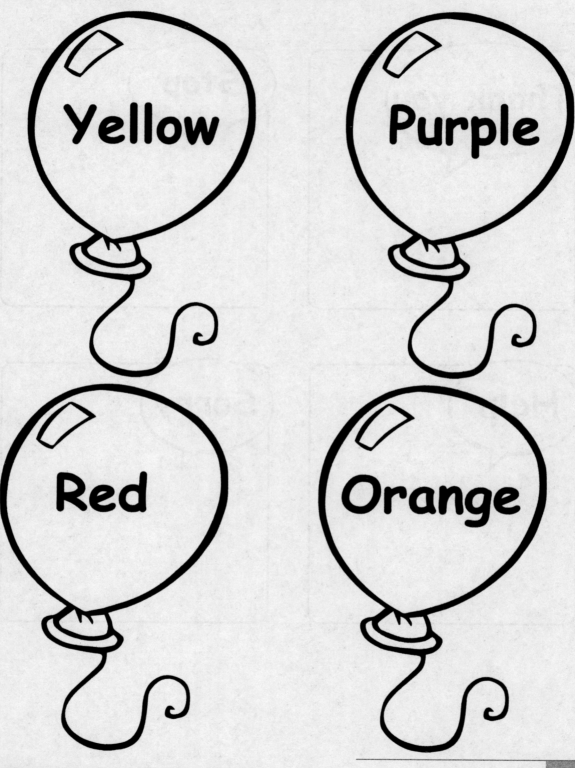

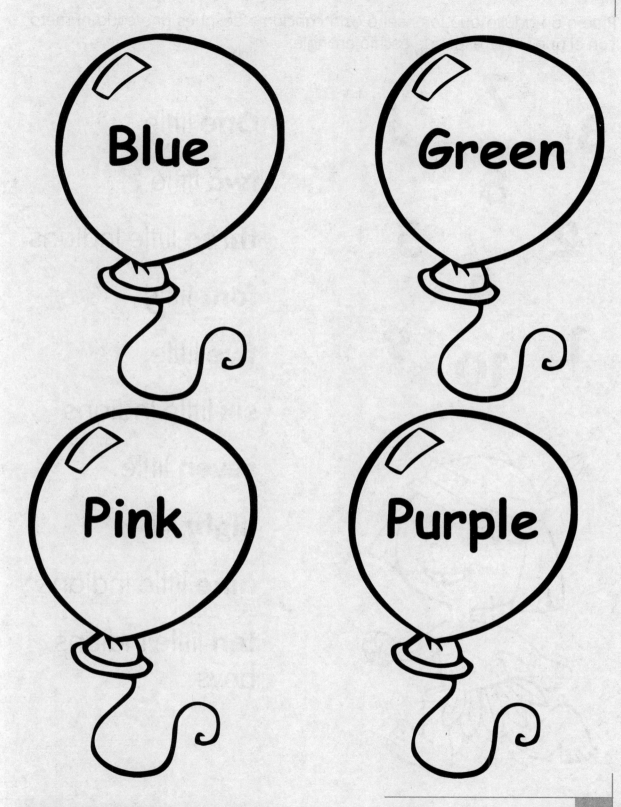

Blue

Green

Pink

Purple

Aprendizaje esperado: Reconoce palabras.

Pide a un adulto que te enseñe esta canción y después une cada número con el que le corresponde escrito en inglés.

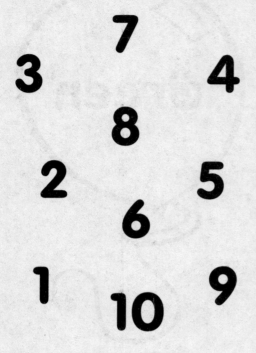

One little

two little

three little Indians

four little

five little

six little Indians

seven little

eight little

nine little Indians

ten little Indians boys

Aprendizaje esperado: Descubre palabras en una canción infantil.

Todas estas cosas las usas en tu escuela, míralas con atención y después tápalas. Díselas a un adulto en voz alta y escribe en el cuadro cuántas recordaste. Después coloréalas.

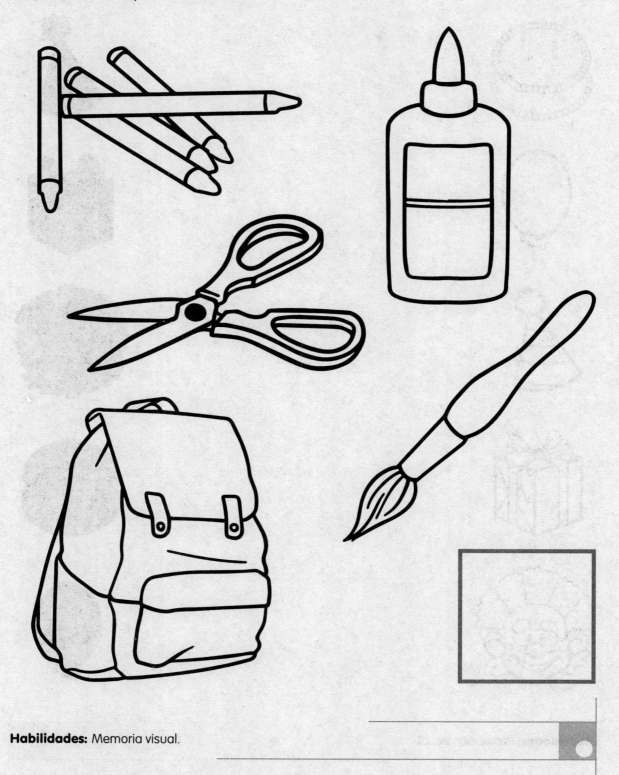

Habilidades: Memoria visual.

En esta casa hay una fiesta de cumpleaños, une cada objeto con su sombra.

Habilidades: Percepción visual.

Tacha el dibujo que es diferente a los demás en cada fila. Explícale a un adulto por qué.

Habilidades: Clasificar objetos por las características que tienen en común.

215

Une con una línea los dibujos que se relacionan usando un color diferente para cada par. Explícale a un adulto tus respuestas.

Encierra en un círculo lo que le sobra o no le corresponde a cada dibujo. Explícale a un adulto tu respuesta y después cópialos al lado de la manera correcta.

Habilidades: Atención visual y razonamiento lógico

Ejercita tu mente

Colorea el dibujo que exprese lo contrario a la palabra de la primera columna.

grande			
gordo			
sucio			
arriba			

Habilidades: Vocabulario. Identificar antónimos.

Página 209

Página 208

Página 110

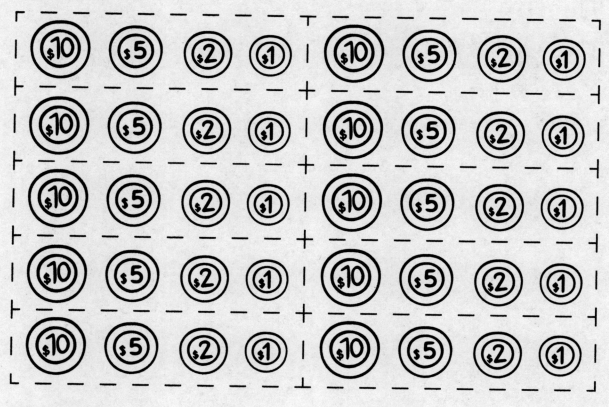

Página 113

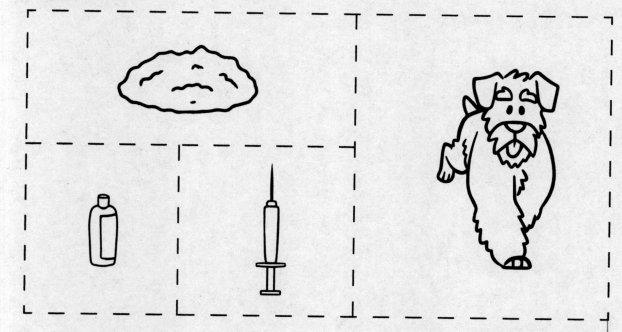